JÖRG BABEROWSKI

Der bedrohte Leviathan

Carl-Schmitt-Vorlesungen

Band 3

Herausgegeben von der Carl-Schmitt-Gesellschaft e.V.

# Der bedrohte Leviathan

Staat und Revolution in Rußland

Von

Jörg Baberowski

Duncker & Humblot · Berlin

Bibliografische Information der Deutschen Nationalbibliothek

Die Deutsche Nationalbibliothek verzeichnet diese Publikation in
der Deutschen Nationalbibliografie; detaillierte bibliografische Daten
sind im Internet über http://dnb.d-nb.de abrufbar.

Die dritte Carl-Schmitt-Vorlesung
„Der bedrohte Leviathan" wurde von Jörg Baberowski
am 27.10.2016 im Tieranatomischen Theater der Charité
in Berlin gehalten.

Das Motiv auf dem Umschlag ist ein Ausschnitt
aus dem Gemälde von El Lissitzky,
„Schlagt die Weißen mit dem roten Keil"

Alle Rechte für die deutsche Übersetzung vorbehalten
© 2021 Duncker & Humblot GmbH, Berlin
Fremddatenübernahme: L101 Mediengestaltung, Fürstenwalde
Druck: CPI buchbücher.de, Birkach
Printed in Germany

ISSN 2367-1149
ISBN 978-3-428-18227-5 (Print)
ISBN 978-3-428-58227-3 (E-Book)

Gedruckt auf alterungsbeständigem (säurefreiem) Papier
entsprechend ISO 9706 ∞

Internet: http://www.duncker-humblot.de

*Für Johannes Helmrath*

## Vorwort

Am 24. Mai 1977 wandte sich der Philosoph Hans Blumenberg in einem Brief an Jacob Taubes. Er könne nicht verstehen, schrieb er, warum er, Taubes, einen Denker wie Carl Schmitt in „die Schematik von Rechts und Links" einordne, anstatt ihm die Reverenz zu erweisen, die er trotz allem doch verdiene. „Ich gestehe jedem das Recht zu, den persönlichen Kontakt mit irgend jemand anders zu meiden und diesem lebenslang nachzutragen, was immer er gesagt oder getan haben mag. Dagegen gibt es kein Mittel und kein Recht. Dies aber in die öffentliche oder halböffentliche Selbstdarstellung einzubeziehen oder einbezogen zu sehen, ist mir ebenso zuwider wie die moralischen Zensoren es sind, die an allen Ecken und Enden ihre Gerichtstage halten, wieder Schilder umhängen und Plätze auf der Skala zwischen Links und Rechts verteilen, wobei dann entschieden werden darf, wer beim großen Schwenk noch mitgenommen wird und wer nicht. Wer da richtig placiert ist, bekommt jeden Applaus und jede argumentative Hilfe, jede Nachsicht und jeden hermeneutischen Kredit bis an die Grenze des Widersinns und über diese hinaus. Sie brüsten sich, den persönlichen Kontakt mit einem heute fast Neunzigjährigen zu meiden, weil er vor fast einem halben Jahrhundert wahrhaft abscheuliche Dinge geschrieben hat, deren Typus aber im intellektuellen Milieu und im dort bestehenden Drang der Selbstdarstellung und Zitierbarwerdung mit anderen Figuren und Stoßrichtungen nicht ausgestorben ist. Wir machen unendliche Anstrengungen, den Geist des moralischen Gerichts und der Rache aus unseren Institutionen zu verbannen, was auch entgegengesetzt in unseren Kämmerchen gedacht und gewünscht werden mag. Das ist eine der großen Leistungen, in welchem der Staat sich sogar der Mehrheit des Willens seiner Bürger entgegenstellt. Nur wer aus der falschen Position das Falsche je gesagt hat, soll der Aussätzige bleiben, und man schmückt sich damit, ihn zu verachten. Ich sage nichts gegen den unüberwindlichen persönlichen Widerstand, den jemand da empfindet und mit dem er sich abfinden muß; im Gegenteil, ich respektiere auch die Unfähigkeit, vergessen zu können. Aber das intellektuelle Spiel mit diesem Widerstand, die Einbringung in das intellektuelle Schiedsgehaben des Wer-noch? und Wer-nicht-mehr?, widert mich an. Ich habe nie persönliche oder sachliche Sympathie für Martin Heidegger gehabt, aber gegen seine Zensoren begehre ich auf. Ich möchte Ihnen daher auch das nackte Faktum mitteilen, daß ich 1971 den Kontakt zu Carl Schmitt gesucht und gefunden habe."[1]

Offenbar hatte aber auch Jacob Taubes keine Skala zur Hand, auf der er Denker und Künstler hätte anordnen können, wie Blumenberg es ihm vorgeworfen hatte. Denn auch er pflegte in den siebziger Jahren des 20. Jahrhunderts einen Briefwechsel mit der grauen Eminenz aus Plettenberg, aus der Anerkennung, fast schon Bewunderung herauszulesen war.[2] Seit jeher haben sich Philosophen, Soziologen, Historiker und Politologen mit dem Denken Schmitts befaßt, unter ihnen der italienische Philosoph Giorgio Agamben, der Historiker Reinhart Koselleck, der Kunsthistoriker Horst Bredekamp. Der unvergleichliche Walter Benjamin schickte im Dezember 1930 nicht nur sein Buch über den Ursprung des deutschen Trauerspiels an den Juristen, sondern teilte ihm auch mit, daß er Schmitts Ausführungen über die Souveränität und die Diktatur viel zu verdanken habe.[3]

---

[1] *Herbert Kopp-Oberstebrink/Martin Tremel* (Hrsg.), Hans Blumenberg. Jacob Taubes, Briefwechsel 1961–1981, Berlin 2013, S. 174.
[2] *Herbert Kopp-Oberstebrink/Thorsten Palzhoff/Martin Tremel* (Hrsg.), Jacob Taubes – Carl Schmitt. Briefwechsel mit Materialien, München 2012.
[3] *Giorgio Agamben*, Homo sacer. Die souveräne Macht und das nackte Leben, Frankfurt am Main 2002; ders., Ausnahmezustand (Homo Sacer II, 1), Frankfurt am Main 2004; *Jan Eike Dunkhase* (Hrsg.), Reinhart Kosel-

Was immer man über einen Autor und seine Eigenschaften auch sagen mag: Es kommt überhaupt nicht darauf an, was und wer einer ist, sondern darauf, was der, der das Leben mit einem Buch herausfordert, zu sagen hat. Wer die Lektüre eines Textes verweigert, weil ihm die Charaktereigenschaften und politischen Vorlieben des Autors zuwider sind, bringt sich um eine wertvolle Erfahrung: sich selbst als einen Anderen neu zu entdecken und die eigene Existenz in eine „fruchtbare Fraglichkeit hineinzutreiben".[4]

Ich habe Carl Schmitt nicht gesucht, ihn aber vor einigen Jahren gefunden, als ich gebeten wurde, im Rahmen der Berliner Carl-Schmitt-Vorlesung einen Vortrag über die russische Revolution zu halten. Ich las, was der „Kronjurist des Dritten Reiches", wie man ihn auch genannt hat, über Macht und Herrschaft, über den Ausnahmezustand und die Diktatur geschrieben hatte, und bald schon wurde mir klar, daß man ihn, den Anwalt unumschränkter Macht, auch als jemanden lesen kann, der wußte, was Macht und Herrschaft sind und wie das Wunder zu beschreiben ist, das ihnen plötzlich ein Ende setzt.

Die Revolution ist wie das Wunder in der Theologie, weil sie die Vorstellung widerlegt, daß die Welt vom immerwährenden Recht strukturiert wird. Immer wieder geschieht etwas, das niemand erwartet, und schon gerät die Welt, in der man gestern noch zu Hause war, aus den Fugen. Jeder kämpft nun nur noch um *sein* nacktes Leben, für *sein* Recht, auf der Welt zu sein. Einer muß nun entscheiden, was getan werden soll, und einer muß durchsetzen, was er will, damit das Leben wieder eine Form findet, in der Menschen zu Hause sein können. Eine Entscheidung

---

leck. Carl Schmitt, Der Briefwechsel 1953–1983 und weitere Materialien, Berlin 2019; *Lorenz Jäger*, Walter Benjamin. Das Leben eines Unvollendeten, Berlin 2017, S. 144–145; *Horst Bredekamp*, Der Behemoth. Metamorphosen des Anti-Leviathan (Carl-Schmitt-Vorlesungen, 1), Berlin 2016.

[4] *Martin Heidegger*, Die Grundbegriffe der Metaphysik. Welt-Endlichkeit-Einsamkeit (Martin Heidegger Gesamtausgabe, Bd. 29/30), 2. Aufl., Frankfurt am Main 1992, S. 29.

ist fällig, aber noch nicht gefallen. Das ist die Signatur der Krise. Deshalb ist souverän, wer über den Ausnahmezustand entscheidet. Diese Wahrheit erweist sich vor allem dort, wo vom Recht nicht mehr die Rede ist, sondern nur noch davon, wie es wiederhergestellt werden kann.

Man könnte die Revolution als Empörungsgeschehen beschreiben, als Ausdruck des kollektiven Aufschreis geknechteter Kreaturen, und eine solche Geschichte hätte ihre Berechtigung.[5] Wer aber seinen Blick auf die Architektur der Herrschaft richtet, auf Machtverhältnisse und darauf, wie sie erschüttert und wiedereingerichtet werden, begreift sofort, daß Revolutionen überhaupt nicht ausbrechen, weil irgendjemand unzufrieden ist und etwas will, sondern weil die einen, die etwas wollen, es auch können, die anderen aber zur Tat nicht mehr imstande sind. Das revolutionäre Geschehen hängt von Umständen ab, vom Zufall und vom Augenblick, in dem sich Tore öffnen oder schließen. Man müßte, so dachte ich, die Geschichte der russischen Revolution auf eine neue Weise erzählen, als eine Aneinanderreihung von Zufällen, die Möglichkeiten eröffnen und versperren. Und so wurde aus der Anregung Carl Schmitts, die Revolution zu denken, ein Vortrag, und aus dem Vortrag ein Buchmanuskript, das jedoch viel zu umfangreich geworden ist, als daß es dem Anspruch gerecht werden könnte, den Zufall zu seinem Recht kommen zu lassen.[6]

---

[5] Vgl. die Geschichten von: *Orlando Figes*, Die Tragödie eines Volkes. Die Epoche der russischen Revolution 1891–1924, Berlin 1998; *Richard Pipes*, Die Russische Revolution, 3 Bde, Berlin 1992; *Helmut Altrichter*, Rußland 1917. Ein Land auf der Suche nach sich selbst, Paderborn 1997; *Marc Ferro*, October 1917. A Social History of the Russian Revolution, London 1980; *Tsuyoshi Hasegawa*, The February Revolution: Petrograd 1917, Seattle 1981; *John Keep*, The Russian Revolution. A Study in Mass Mobilization, London 1976; *Steve Smith*, Russia in Revolution. An Empire in Crisis, 1890 to 1928, Oxford 2017; *Laura Engelstein*, Russia in Flames. War, Revolution, Civil War 1914–1921, Oxford 2018.

[6] Das Buch wird voraussichtlich im Jahr 2021 im Verlag C.H. Beck erscheinen.

## Vorwort

Was auf den folgenden Seiten über die Revolution gesagt wird, ist nichts weiter als der bescheidene Versuch, die Revolution als ein eruptives Geschehen zu verstehen, das die Menschen in eine unbekannte Welt wirft und sie zwingt, sich nach der Schlacht wieder in all die Hierarchien zu fügen, denen sie entkommen wollten. Die Revolution öffnet Tore zu einer anderen Welt, aber sie ist nicht das Ende von Kritik und Krise. Alles Leben besteht darin, alte durch neue Hierarchien zu ersetzen und Formen zu finden, in denen man nach dem Ende des Krieges wieder zu Hause sein kann. Menschen brauchen Tradition und Herkunft, damit sie das Leben ertragen können. Sie sehnen sich nach Mythen und nicht nach einem Leben in der Ungewißheit. Die Wahrheit solcher Philosophie ist sehr simpel. „Die Welt ist noch dieselbe wie zu Zeiten Alarichs", schrieb einst Karl Löwith. „Nur unsere Mittel der Vergewaltigung und Zerstörung – wie auch des Wiederaufbaus – sind beträchtlich vollkommener geworden."[7]

Ich habe vielen Menschen zu danken, allen voran Gerd Giesler, dem Anreger und Leser, der mich ermuntert hat, aus einem Gedanken einen Text zu formen, der hoffentlich seinen hohen Ansprüchen genügt. Ihm, Horst Bredekamp und Wolfram Hogrebe danke ich für die geistreichen, unterhaltsamen und witzigen Gespräche bei Austern, Filetto alla griglia und reichhaltigem Wein. Sarah Matuschak und Fabian Thunemann lasen den Text und korrigierten ihn mit Sachverstand. Ich hoffe, daß nunmehr alle „Naturgesetze" aus dem Text verschwunden sind. Ihnen danke ich aber auch für moralische Unterstützung, für ihre Lebensklugheit und Standfestigkeit, die im Zeitalter der Gesinnungsprüfer und Sittenpolizisten zu kostbaren und unersetzbaren Eigenschaften geworden sind.

Die Universität der Gegenwart ist bisweilen ein Ort geistiger Trostlosigkeit, aus dem Exzentrizität, Originalität, Esprit und Witz verbannt worden sind. Ohne Johannes Helmrath, den un-

---

[7] Karl Löwith, Weltgeschichte und Heilsgeschehen. Die theologischen Voraussetzungen der Geschichtsphilosophie, Stuttgart 2004, S. 205.

ermüdlichen Leser, enzyklopädischen Geist, philosophischen Kopf und unübertroffenen Humoristen, wäre vieles noch schlimmer, als es ist. Ihm, dem Weggefährten und Freund, ist dieses kleine Büchlein gewidmet.

Berlin, August 2020 *Jörg Baberowski*

# Inhaltsverzeichnis

1. Der Aufstand .................................................. 13
2. Ordnung und Macht ......................................... 28
3. Der sterbliche Gott oder die Ursprünge staatlicher Herrschaft ... 44
4. Kritik und Krise ............................................... 54
5. Der Mythos der Revolution ................................. 60
6. Augenblicke ................................................... 70
7. Die Kunst des Aufstandes ................................... 77
8. Die souveräne Diktatur ...................................... 90
9. Leben nach der Schlacht..................................... 106

Literaturverzeichnis ............................................. 113
Personenregister ................................................. 125

„Hast Du vergessen, daß Ruhe und sogar der Tod dem Menschen lieber sind als die freie Wahl im Wissen von Gut und Böse? Wir haben Deine Opfertat korrigiert, und sie auf Wunder, Geheimnis und Autorität gegründet. Und die Menschen haben sich gefreut, daß sie wieder geführt wurden wie eine Herde ... Warum also bist Du gekommen, uns zu stören?"

(*Fjodor Dostojewski*, Die Brüder Karamasow. Neu übersetzt von Swetlana Geier, 5. Aufl., Frankfurt am Main 2015, S. 410, 414)

# 1. Der Aufstand

Als am 23. Februar 1917 in den Arbeiterbezirken Petrograds Unruhen ausbrachen, weil die Versorgung der Bäckereien mit Mehl zu versiegen drohte, glaubten nicht einmal die Revolutionäre, daß aus dem Protest eine Revolution werden könnte. Wie oft hatte es solche Unruhen schon gegeben, und wie oft waren sie nach wenigen Tagen mit leichter Hand niedergeschlagen worden. Rußland, das Land der Bauernerhebungen, der sinnlosen und ziellosen Aufstände, die stets im Nichts versickert waren, weil die Macht sich von der Volkswut noch niemals hatte erschüttern lassen. Eine Brotrevolte! Nichts, worüber man sich Gedanken machen müsste. Die revolutionären Parteien waren auf eine Revolution überhaupt nicht vorbereitet, die Liberalen träumten von der konstitutionellen Monarchie, von Reformen, nicht aber vom Umsturz, aus dem sie, wie sie richtig voraussahen, ganz gewiß keinen Gewinn ziehen würden.

Kein einziger verantwortungsvoller Politiker, schrieb der liberale Dumaabgeordnete Alexander Bublikow im Nachhinein, habe sich damals eine Revolution wünschen oder vorstellen können, ganz gleich, was später über Absichten und Motive in die Welt gesetzt worden sei. Jeder habe verstanden, daß im Angesicht des Krieges von der Reorganisation der politischen Ordnung nicht die Rede sein konnte. Die revolutionären Parteien seien tot gewesen, die Liberalen hätten eine Revolution nicht einmal im Traum für möglich gehalten. Welcher liberale Parlamentsabgeordnete hätte von Arbeiter- und Bauernaufständen schon einen Gewinn gehabt? Vor den Bauernmassen fürchteten sie sich doch noch mehr als vor den Bajonetten der Staatsgewalt. Nicht einmal die Revolutionäre hätten den Aufstand der Massen herbeigesehnt. Was hätten sie mit ihm auch anfangen sollen?⁸ Iwan Tschugurin, ein bolschewistischer Arbeiter, der in den Februartagen von den Unruhen überrascht wurde, schrieb in seinen Erinnerungen, daß die Revolutionäre vom Aufstand überrascht worden seien. Streiks und Demonstrationen seien nicht nur gegen ihren Willen ausgebrochen, sie seien auf sie nicht einmal vorbereitet gewesen.⁹ Nikolai Suchanow-Gimmer, ein Menschewik und Revolutionär der ersten Stunde erinnerte sich: „Es gab Unruhen, aber es gab keine Revolution. Das leuchtende Ende war nicht nur nicht sichtbar, vielmehr nahm keine einzige unserer Parteien darauf Kurs. Sie bemühten sich ausschließlich darum, die Bewegung für Agitationszwecke zu nutzen."¹⁰ Lenin saß im fernen Zürich und nahm an, der Zar werde sich, wie schon im Jahr 1905, mit den Liberalen verständigen und die Opposition zerstreuen. Im Oktober 1916 spielte er ernsthaft mit dem Gedanken, sich in den USA niederzulassen. Du und ich, wir werden die Revolution nicht mehr erleben, sagte er zu Nadja, seiner Frau.¹¹ Nirgendwo gab es überhaupt Anzeichen für eine bevorstehende Revolution. Und dann geschah doch, was niemand für möglich gehalten hatte: Die Brotrevolte verwandelte sich in eine Revolution mit ungewissem Ausgang.

Die Staatsgewalt war kopflos, ohne Plan und Strategie, ihre Repräsentanten wußten nicht, wie sie von ihrer Macht Gebrauch machen sollten. Landwirtschaftsminister Alexander Rittich sprach in diesen Tagen vor der Staatsduma, die am 14. Februar ihre Sitzungen wieder aufgenommen hatte, auch über die Versorgungskrise. Aber er erweckte vor den Abgeordneten den Ein-

---

8 *Alexander Bublikov*, Russkaja revoljucija. Vpetčatlenija i mysli očevidca i učastnika, Moskva 2016 (erstmals New York 1918), S. 48–49; *Michail Geršenzon*, Schöpferische Selbsterkenntnis, in: Vechi. Wegzeichen. Zur Krise der russischen Intelligenz, Frankfurt am Main 1990, S. 140–175, hier S. 165.
9 *Ivan Chugurin*, The Memoirs of Ivan Chugurin, in: Revolutionary Russia 24 (2011), S. 1–12, hier S. 7.
10 *Nikolai Suchanov*, Zapiski revoljucii, Bd. 1, Moskva 1991, S. 49.
11 *Alexander Solschenizyn*, Lenin in Zürich, Bern 1977, S. 115–116.

1. Der Aufstand 15

druck, er sei als Soziologe und Ökonom zu ihnen gekommen, der wohl über Gründe und Ursachen im Bilde war, aber nicht wußte, wie der Krise politisch zu begegnen sei.[12] Tag für Tag standen Arbeiter in langen Schlangen vor den Bäckereien, in denen es bald nichts mehr zu kaufen gab, weil die Mehl- und Brotvorräte schnell aufgebraucht waren. Auf den Trottoirs der Stadt wurden aber nicht nur Lebensmittel entgegengenommen, sondern auch Gerüchte ausgetauscht. Was unter normalen Umständen für absurd gehalten worden wäre, gewann nun an Glaubwürdigkeit: Der Innenminister habe Maschinengewehre auf den Dächern der Stadt postieren lassen, japanische Truppen seien auf dem Weg, um die Hauptstadt zu erobern, so lauteten die Geschichten, die in den Schlangen vor den Geschäften erzählt wurden.[13]

Eigentlich hätte der Landwirtschaftsminister nichts weiter tun müssen, als die Ausgabe von Lebensmittelkarten an die Bürger zu veranlassen. Niemand hätte anstehen müssen, jeder hätte an jedem Tag ein Brot und andere Lebensmittel erwerben können, und die Menge hätte sich wahrscheinlich sofort zerstreut. Weil aber nichts geschah, formierten sich die Unzufriedenen, die auf den Straßen herumstanden, zu einer rebellischen Menge, die ihrer Wut freien Lauf ließ.[14] Am zweiten Tag schon verlagerten sich die Proteste in die Innenstadt, ohne daß erkennbar gewesen wäre, was die Demonstranten eigentlich verlangten. Der Innenminister, Alexander Protopopow, erklärte vor dem Ministerrat, daß die Polizei die Lage unter Kontrolle habe, also keinerlei außerordentlichen Maßnahmen ergriffen werden müßten. So sah es auch der

---

12 *Elisaveta Naryškina*, Moi vospominanija pod vlast'ju trech carej, Moskva 2014, S. 206; *Richard Pipes*, Die russische Revolution, Bd. 1: Der Zerfall des Zarenreiches, Berlin 1992, S. 426–428.
13 *Lev Tichomirov*, Dnevnik 1915–1917 gg., Moskva 2008, S. 81; *Aleksandr Benua*, Moi dnevnik. 1916-1917-1918, Moskva 2003, S. 216; *Boris Kolonickij*, „Tragičeskaja erotika". Obrazy imperatorskoj sem'i v gody pervoj mirovoj vojny, Moskva 2010, S. 23.
14 *Vasilij Maklakov*, Kanun revoljucii, in: Novyj Žurnal 14 (1946), S. 306–307; *Vladimir Obolenskij*, Moja žizn' i moi sovremenniki. Vospominanija 1869–1920, Bd. 2, Moskva 2017, S. 147–148.

Oberkommandierende des Militärbezirks, Sergei Chabalow, der Proklamationen an den Häuserwänden anbringen ließ, auf denen zu lesen war, daß die Versorgung der Stadt mit Lebensmitteln gesichert sei.[15] Noch am dritten Tag der Revolte wollten die Minister des Zaren nicht wahrhaben, daß etwas geschehen war, daß sie so leicht nicht wieder unter Kontrolle bringen konnten. Niemand wußte, was die Historiker der Revolution wenige Jahre später schon für gewiß hielten. Außenminister Michail Pokrowski war am Nachmittag des 25. Februars, als auf den Straßen schon geschossen wurde, in einem Salon zu Gast. Dort wurde über vieles gesprochen. Von den Unruhen, so Pokrowski in seinen Erinnerungen, sei aber nicht die Rede gewesen. Die Eliten fühlten sich sicher, sie glaubten, daß der Innenminister alle Vorkehrungen für ihre Sicherheit getroffen hatte und daß die Reservesoldaten, die in den Kasernen im Zentrum der Stadt untergebracht waren, das Regime und seine Repräsentanten in der Stunde der Not nicht im Stich lassen würden.[16]

Die Regierung aber sprach nicht mit einer Stimme, weil die Minister zwar dem Zaren Rechenschaft abzulegen hatten, der sie nach Belieben berufen und entlassen konnte, dem Kabinett aber keinerlei Erklärungen schuldig waren. Jeder sprach nur für sich und sein Ressort, traf Entscheidungen, die ihm angemessen erschienen, ohne sich um die Auffassungen der übrigen Minister zu kümmern. Nur der Zar allein konnte Entscheidungen korrigieren, die von einem Minister getroffen worden waren.[17] Deshalb verwandelten sich die Defekte des zarischen Regierungssystems in

---

15 *Aleksandr Blok*, Poslednie dni starogo režima, in: Archiv russkoj revoljicii 4 (1922), S. 5–54, hier S. 25–26. Zur Chronologie des Februaraufstandes vgl. *Tsuyoshi Hasegawa*, The February Revolution: Petrograd 1917, Seattle/Washington 1981; *Eduard Burdzhalov*, Russia's Second Revolution. The February 1917 Uprising in Petrograd, Bloomington/Ind. 1987; *Semion Lyandres*, The Fall of Tsarism. Untold Stories of the February 1917 Revolution, Oxford 2013.
16 *Nikolaj Pokrovskij*, Poslednij v Mariinskom dvorce: Vospominanija Ministra Innostrannych Del, Moskva 2015, S., S. 214.
17 *Dominic Lieven*, Nicholas II. Emperor of all the Russias, London 1993, S. 102–131; *Wladimir Gurko*, Features and Figures of the Past.

## 1. Der Aufstand

diesen Tagen in tödliche Waffen. Denn nun hätten einmütige Entscheidungen getroffen werden müssen, ganz gleich, ob sie dem Herrscher gefallen hätten oder nicht. Kriegsminister Michail Beljajew und Innenminister Protopopow, deren Lächerlichkeit und Inkompetenz allenfalls noch am Hof übersehen wurden, versagten in der Stunde der Not, wußten nicht, wie sie der existentiellen Krise begegnen sollten. Landwirtschaftsminister Rittich galt zwar als intelligenter und fähiger Fachmann, aber auch er war ein Zauderer, der Entscheidungen lieber verschob oder ihnen aus dem Weg ging. Und auch Fürst Nikolai Golizyn, der Vorsitzende des Ministerrates, war nichts weiter als ein Zeremonienmeister, kein Regierungschef, der Kontrollgewalt über die Minister ausgeübt hätte. Er moderierte die Diskussionen am Kabinettstisch, mochte vielleicht hoffen, daß die Ministerkollegen hörten, was er ihnen zu sagen hatte, mehr aber konnte er nicht tun. Ein vornehmer Herr mit feinen Manieren, zweifellos, der für das Amt, in das ihn der Zar berufen hatte, aber völlig ungeeignet war. Golizyn wäre schon damit überfordert gewesen, Befehle zu erteilen und Untergebene zu maßregeln. Auf eine Revolution war er gar nicht vorbereitet.[18] Machiavelli hatte gesagt, daß der „erste Eindruck, den man sich von der Intelligenz des Herrschers macht, durch die Männer seiner Umgebung bestimmt" werde.[19] Nun erst, in der Stunde der Not, zeigten sich die destruktiven Kräfte eines Systems, das dem Zaren alle Macht in die Hand legte, aber keine Antwort auf die Frage gab, wie sich die Minister in der Stunde der Krise verhalten sollten.

Während die Minister noch darüber nachdachten, was sie dem Zaren mitteilen könnten, verweigerten die Kosaken den Gehor-

---

Government and Opinion in the Reign of Nicholas II., Stanford/CA 1939, S. 21.

[18] *Jurij Daniloff*, Dem Zusammenbruch entgegen. Ein Abschnitt aus der letzten Epoche der russischen Monarchie, Hannover 1927, S. 104–107, 138–139; *Michael Smilg-Benario*, Der Zusammenbruch der Zarenmonarchie, Zürich 1928, S. 69; *Alexander Gerassimoff*, Der Kampf gegen die erste russische Revolution. Erinnerungen, Frauenfeld/Leipzig 1934, S. 277–278.

[19] *Niccolò Machiavelli*, Der Fürst, 6. Aufl., Stuttgart 1978, S. 96.

1. Der Aufstand

sam, und am vierten Tag meuterten die Soldaten in den Kasernen, die das Regierungsviertel umgaben. Die Reservisten, die seit Monaten in den Barracken auf ihren Einsatzbefehl warteten, wollten weder an die Front geschickt noch als Hilfstruppe der Polizei gegen demonstrierende Arbeiter eingesetzt werden. Und so wurden sie zu einer leichten Beute von Agitatoren und Aufwieglern, die ihnen einredeten, daß die Stunde der Freiheit entweder jetzt anbrechen oder gar nicht mehr kommen werde. Irgendwann hätten die Offiziere die Bauernsoldaten ohnehin in die Schützengräben gejagt. Warum hätten sie ein Leben in der Bequemlichkeit gegen die Erfahrung der Feuertaufe eintauschen sollen? Es gab also Gründe für die große Meuterei, die die Regierung selbst zu verantworten hatte, weil ihr Kriegsminister, Alexei Poliwanow, im Herbst 1915 die Entscheidung getroffen hatte, Reservisten ausgerechnet in der Hauptstadt zu konzentrieren.[20] Die Waffen der Autokratie richteten sich unversehens gegen die Autokratie, in der Hauptstadt, im Zentrum der Macht. Nun aber war es zu spät, die renitenten Soldaten in Marsch zu setzen und aus der Stadt zu entfernen. Am 27. Februar, dem fünften Tag der Revolte, löste sich die Ordnung auf. Die Menge bewaffnete sich, Soldaten richteten ihre Gewehre nicht mehr auf die Demonstranten, sondern auf die Offiziere, denen sie die Schulterstücke von den Uniformjacken rissen. Polizisten liefen um ihr Leben. Manche wurden gelyncht, andere davongejagt. Als der Mob das Bezirksgericht am Liteini-Prospekt in Brand setzte und Polizeistationen verwüstete, begriffen auch die Ahnungslosen unter den Ministern, was die Stunde geschlagen hatte.[21]

Nikolai II. hatte die Hauptstadt bereits am 22. Februar, unmittelbar vor dem Ausbruch der Unruhen, verlassen, und sich in das

---

[20] *Daniloff*, Dem Zusammenbruch entgegen, S. 145; *Allan K. Wildman*, The End of the Russian Imperial Army. The Old Army and the Soldier's Revolt (March–April 1917), Princeton/N.J. 1980, S. 124–125.

[21] *Pitirim Sorokin*, Leaves from a Russian Diary, New York 1924, S. 12–13; *Maurice Paléologue*, Am Zarenhof während des Weltkrieges. Tagebücher und Betrachtungen, München 1926, Bd. 2, S. 385–386; *Lyandres*, The Fall of Tsarism, S. 146.

## 1. Der Aufstand

Hauptquartier des Heeres nach Mogiljow begeben. Von allen Informationen abgeschnitten, erfuhren er und seine Generäle jetzt nur noch, was ihnen General Chabalow und der Innenminister mitteilten. Sie schickten dem Zaren beruhigende Nachrichten, verbargen das Ausmaß der Katastrophe vor ihm, bis sie am fünften Tag der Revolte eingestehen mußten, daß die Ordnung zusammengebrochen war. Nun kam die Stunde der liberalen Opposition, deren Wortführer sofort verstanden, daß sie sich an die Spitze des Protestes setzen, ihm eine Form und Richtung geben mußten, wenn sie ihn nicht Sozialrevolutionären, Menschewiki und Bolschewiki überlassen wollten, die in jenen Tagen versuchten, die Arbeiterrevolte unter ihre Kontrolle zu bringen.

Am 26. Februar begann Michail Rodsjanko, der Parlamentspräsident, den Zaren und seine Generäle mit dramatischen Nachrichten aus der Hauptstadt zu überschütten. Die Lage sei aussichtslos, wenn nicht sofort eine Regierung des Vertrauens ernannt werden würde, wäre es um Vaterland und Monarchie geschehen. Nikolai II. gab nach, er versprach, dem Verlangen der Liberalen nachzugeben und die Minister auszutauschen, aber dann faßte er am 27. Februar plötzlich den Entschluß, nach Zarskoe Selo zurückzufahren, weil seine Kinder an den Masern erkrankt waren. Er kam nicht weit, weil ihm die Aufständischen, die inzwischen das Verkehrsministerium in ihre Gewalt gebracht hatten, mit falschen Informationen versorgten: Die Bahngleise südlich von Petrograd seien von meuternden Soldaten blockiert worden, logen sie. In Wahrheit befanden sich in Gatschina, unweit von Petrograd, regierungstreue Einheiten, deren Offiziere aber nicht wußten, daß der Zar auf dem Weg nach Zarskoe Selo war. Im Glauben, das Richtige zu tun und sich in Sicherheit zu bringen, fuhr Nikolai II. nach Pskow, wo General Ruzski, der Kommandeur der Nordwestfront, sein Hauptquartier aufgeschlagen hatte. Er fuhr geradezu ins kommunikative Abseits, denn weder er selbst noch die Generäle, die ihn umgaben, wußten, was sich in Petrograd wirklich zutrug.[22]

---

[22] *Blok*, Poslednie dni carskogo režima, S. 5–54; *Pavel Miljukov*, Istorija vtoroj russkoj revoljucii, Moskva 2001, S. 40–55 (erstmals Sofia 1920); *Vla-*

1. Der Aufstand

Unterdessen waren die meisten Minister verhaftet und am 1. März 1917 eine Provisorische Regierung und ein Arbeiter- und Soldatenrat gebildet worden, die sich mit kosmetischen Korrekturen an der autokratischen Ordnung nicht mehr zufriedengeben mochten. Sie verlangten nun, daß der Zar um der Monarchie willen abdanken müsse. So sahen es auch die Frontgeneräle, die den Nachrichten aus der Hauptstadt glaubten und den Zaren bedrängten, auf den Thron zu verzichten, wenn er Monarchie und Vaterland nicht aufs Spiel setzen wolle. Sie waren an nichts anderem als an der erfolgreichen Fortführung des Krieges interessiert, eine Revolution mußte deshalb um jeden Preis verhindert werden.

Nikolai II. unterwarf sich sogleich, weil er sich dem Rat der Generäle nicht verschließen wollte und auch keine Kraft mehr aufbrachte, sich ihnen zu widersetzen. Abgeschnitten von der Außenwelt, wurde er zu einem Spielball der Lügen und Intrigen. Erst dankte er am 2. März 1917 zu Gunsten seines Sohnes Alexei ab, widerrief aber noch am selben Tag seine Entscheidung, weil er sich von seinem minderjährigen Sohn nicht trennen wollte, und ernannte seinen Bruder Michail Alexandrowitsch zu seinem Nachfolger. Als auch Michail auf den Thron verzichtete, hatten die Liberalen nichts mehr, womit sie den Umsturz noch hätten legitimieren können. Wladimir Nabokow, der die Verzichtsurkunde des Großfürsten abgefaßt hatte, schrieb später, daß die zweifache Abdankung eine schwere Staatskrise ausgelöst habe. Hätte Michail Alexandrowitsch den Thron bestiegen, wäre der Machtapparat erhalten geblieben, die Regierung legitimiert gewesen, das Staatsschiff in ruhige Fahrwasser zu lenken und die Autokratie in eine konstitutionelle Monarchie zu verwandeln. Die Unterstützung der Generalität wäre den Liberalen gewiß gewesen. „Es war der Umsturzrausch, der unbewußte Bolschewismus", schrieb Nabokow über die Atmosphäre jener Tage, „der auch die

---

*dimir Vojekov*, S Carem i bez carja. Vospominanija poslednogo dvorcovogo komendanta gosudarja imperatora Nikolaja II, Moskva 2016 (erstmals Helsinki 1936), S. 179–212; *Bublikov*, Russkaja revoljucija, S. 50–64, 82–89.

# 1. Der Aufstand

nüchternsten Hirne verdreht hatte." In dieser Atmosphäre konnte die Monarchie keine einigende und sammelnde Kraft mehr sein.[23]

Zwar hatten die Liberalen den Aufstand jahrelang herbeigeredet, indem sie die Autorität des Zaren und seiner Regierung systematisch untergruben: durch öffentlich vorgetragene Reden und Zeitungsmeldungen, die die Autokratie und ihre Repräsentanten herabsetzten und lächerlich machten. Von der Revolution aber hatten sie nicht geträumt. Wider Willen waren die liberalen Reformer zu Anführern einer Revolte geworden, die sie nicht gewollt hatten, so wie die Generäle, die Nikolai II. zur Abdankung gezwungen hatten, nicht, weil sie die alte Ordnung zerstören, sondern weil sie sie bewahren und verhindern wollten, daß sich die Sozialisten im Arbeiter- und Soldatenrat der Staatsmaschine bemächtigten. In Wahrheit fürchteten sich die Eliten des alten Regimes und ihre liberalen Widersacher gleichermaßen vor den Furien der Gewalt, vor dem „erbarmungslosen und sinnlosen" russischen Aufstand, der Pugatschowschtschina, die sie alle hinwegfegen würde.[24]

Am 28. Februar, dem letzten Tag der Revolte, hätten die Repräsentanten des alten Regimes vielleicht noch siegen können, wenn sie begriffen hätten, was auf dem Spiel stand, wenn sie sich mit der liberalen Opposition verständigt und sich der Machtmittel bedient hätten, die sie immer noch in den Händen hielten. General Chabalow hätte, so hat es der Sozialrevolutionär Sergei Mstislawski, der dem Militärrevolutionären Komitee des Arbeiter- und Soldatenrates angehörte, im Nachhinein gesehen, im Kampf gestählte Fronteinheiten von außen keilförmig in die

---

[23] *Wladimir Nabokow*, Petrograd 1917. Der kurze Sommer der Revolution, Berlin 1992, S. 35–37, Zitat S. 37 (erstmals erschienen im Archiv Russkoj Revoljucii, Bd. 1, Berlin 1922, S. 9–96); *Alexandr Mordvinov*, Otryvki iz vospominanij, in: Russkaja Letopis' 5 (1923), S. 67–177. Vgl. auch die Dokumente in: *Mark Steinberg/Vladimir Khrustalev* (Hrsg.), The Fall of the Romanovs. Political Dreams and Personal Struggles in a Time of Revolution, New Haven/CT 1995, S. 65–115.

[24] *Vladimir Buldakov*, Krasnaja smuta. Priroda i posledstvija revoljucionnogo nasilija, Moskva 2010, S. 70–92.

Stadt hineinführen müssen, anstatt sich von aufständischen Reservisten im Zentrum der Macht einkreisen und isolieren zu lassen. In wenigen Stunden wäre der Aufstand zusammengebrochen.[25] Aber die Minister zögerten, der Zar fürchtete, seine Familie könne von Revolutionären als Geisel genommen werden, und so verstrich kostbare Zeit, die die Opposition für sich nutzte.

Wer über den Ausnahmezustand entscheiden will, muß alle Kanäle in seine Hand bringen, auf denen Waffen und Worte zur Wirkung gebracht werden können. Die Aufständischen besetzten Bahnhöfe, Telegraphenstationen und Ministerien, sie schoben die Konterrevolution aufs Abstellgleis und schnitten sie von allen Informationen ab. Nun konnten sie aber auch nach Belieben darüber entscheiden, wie das Geschehen interpretiert werden mußte.[26] Man erklärt die Repräsentanten des alten Regimes zu Angreifern und die Revolutionäre zu Verteidigern, und schon setzt sich die Revolution ins moralische Recht. Es schien so, als sei das gestürzte Regime schon immer eine illegitime Anmaßung gewesen, die das Recht des Volkes mit Füßen getreten habe.[27] Mit den Jahren gerät dann völlig in Vergessenheit, was einmal der Anfang der Revolte gewesen war, daß alles auch anders hätte kommen können, wenn die Machthaber nicht den Kopf verloren hätten und die Herausforderer weniger mutig und entschlossen gewesen wären.

Weder die Minister des Zaren noch ihre liberalen Herausforderer, nicht einmal die gemäßigten Sozialisten im Arbeiter- und Soldatenrat waren auf einen grenzenlosen Bürgerkrieg vorbereitet. Lenin war aus anderem Holz geschnitzt, er wußte, daß die Macht demjenigen gehören würde, der sie sich nahm, auch wenn er da-

---

[25] *Sergej Mstislavskij*, Pjat dnej. Načalo i konec fevrals'skoj revoljucii, Moskva 1917 (erstmals Berlin 1922), S. 24–26; *Lyandres*, The Fall of Tsarism, S. 120.

[26] *Bublikov*, Russkaja revoljucia, S. 59, 61–62; *Jurij Lomonosov*, Vospominanija o martovskoj revoljucii, Stockholm 1921, S. 20–29.

[27] *Jan-Philipp Reemtsma*, Machtergreifung als konkrete Utopie oder Was heißt schon „Symbolpolitk"?, in: Berliner Colloquien zur Zeitgeschichte. Beilage zum Mittelweg 36 (2016), Nr. 1, S. 79–98.

## 1. Der Aufstand

für Menschen töten müßte, und der skrupellos genug war, sie gegen alle rechtlichen und moralischen Einwände zu verteidigen. Als er im April 1917 nach Petrograd zurückkehrte und verkündete, seine Partei werde die Provisorische Regierung stürzen und eine Ordnung begründen, die die Welt noch nicht gesehen hatte, lachten ihn nicht nur die Liberalen, sondern auch die Sozialisten aus, die den Arbeiter- und Soldatenrat beherrschten.[28] Im Oktober 1917 lachten sie nicht mehr.

Lenin griff nach der Macht, als sie schon auf der Straße lag. Er ließ sich von den Stimmungen und der Atmosphäre tragen, die ihm sagten, daß nun der Augenblick für das große Wagnis gekommen war. Anfang Juli 1917 kam es zur ersten Machtprobe zwischen der Provisorischen Regierung und den Bolschewiki, als Matrosen und rote Garden in das Stadtzentrum vordrangen, um nach der Macht zu greifen und die Provisorische Regierung zu stürzen. Lenin und seine Anhänger scheiterten kläglich, weil sie den Aufstand zwar herbeiredeten, den Matrosen und Soldaten, die von der Seefestung Kronstadt aus nach Petrograd gebracht wurden, aber keine Ziele und Zwecke setzten. Die Masse belagerte das Taurische Palais, in dem der Arbeiter- und Soldatenrat tagte, Matrosen randalierten und plünderten, nahmen den Führer der sozialrevolutionären Partei, Wiktor Tschernow, als Geisel, aber schon nach wenigen Stunden war der Spuk vorbei. Die Masse löste sich ebenso schnell auf, wie sie entstanden war, die Matrosen kehrten nach Kronstadt zurück, Lenin floh nach Finnland, und die bolschewistische Partei ging in den Untergrund.[29]

Der Juli-Aufstand scheiterte, aber er war auch das Ende der Provisorischen Regierung. Fürst Georgi Lwow trat zurück, und mit ihm die liberalen Minister, die nach der Februarrevolution ins Amt gekommen waren. Der Sozialrevolutionär Alexander Kerenski, der zunächst Justiz- und dann Kriegsminister gewesen war, übernahm nun, im Angesicht der Krise, das Amt des Ministerpräsidenten. In Wahrheit aber wollte Kerenski kein Kabinetts-

---

[28] *Suchanov*, Zapiski o revoljucii, Bd. 2, S. 12–24.
[29] *Suchanov*, Zapiski o revoljucii, Bd. 3, S. 315–368.

chef, sondern Diktator sein und wiederherstellen, was verloren gegangen war. Aber auch er konnte die Machtlosigkeit der Provisorischen Regierung nicht überwinden, auch deshalb, weil er nicht bereit war, den Krieg zu beenden, dem schon Millionen zum Opfer gefallen waren und für den sich kein Bauer und kein Arbeiter mehr opfern wollte. In der Öffentlichkeit entwarf sich Kerenski als Diktator napoleonischen Formats, hielt feurige Reden, umgab sich mit jungen Offizieren, die der Revolution ergeben waren, militärisch aber nichts zu entscheiden hatten und versuchte, durch Charisma auszugleichen, was die Institutionen nicht mehr hergaben. Immerhin, so schrieb der französische Botschafter in Petrograd, Maurice Paléologue, in sein Tagebuch, habe Kerenski im Kreis der liberalen Minister wie ein Mann der Tat und der Entscheidung ausgesehen.[30] Kerenski halte Tag und Nacht Reden, wie seinerzeit Robespierre. Seine physische Erscheinung sei das wirksamste Element seines Einflußes auf die Massen, erst im Zusammenspiel von Körper und Klang werde überhaupt begreiflich, was dieser Mann bewirke. Nichts sei ergreifender, als ihn auf der Kanzel zu erleben, mit „seinem fahlen, fiebernden, hysterischen, tief durchfurchten Antlitz." Ein geheimnisvoller Hauch umwehe den Volkstribun, „ein Hauch, der ihn wie magnetische Strömungen umstrahlt. ... Da gehen wahre Schauer über die Zuhörerschaft."[31]

Auch der Künstler Alexander Benois, der schon am 5. März, unmittelbar nach der Februarrevolution mit Kerenski zusammengekommen war, sah ihn als einen Führer mit besonderen Qualitäten: ein Mann mit einem verkniffenen, leichenblassen Gesicht, das aussah, als ob sich auf ihm noch niemals ein Lächeln gezeigt habe. Kerenski sei mit energischem Schritt durch die Säulengänge des Innenministeriums gelaufen, habe mit hoher Falsettstimme

---

[30] *Paléologue*, Am Zarenhof während des Weltkrieges, Bd. 2, S. 433; *Boris Kolonickij*, „Tovarišč Kerenskij": Antimonarchičeskaja revoljucia i formirovanie kul'ta „Voždja naroda" mart–ijun' 1917 goda, Moskva 2017, S. 160–208, 306–322; *Richard Abraham*, Alexander Kerensky. The First Love of the Revolution, New York 1987, S. 210–225.

[31] *Paléologue*, Am Zarenhof, Bd. 2, S. 498.

## 1. Der Aufstand

Sätze stakkatohaft herausgestoßen und Befehle herausgebellt. Auf die Ministerkollegen habe er keinerlei Rücksicht genommen. In der Umgebung all der feinen Herren aus liberalem Milieu habe er wie ein Willensmensch gewirkt, wenngleich nicht zu übersehen gewesen sei, daß Kerenski all seine schauspielerischen Talente aufgewendet habe, um genau diesen Eindruck zu erwecken. „Oh ja, das ist der geborene Diktator", schrieb Benois nach seiner Zusammenkunft mit Kerenski in sein Tagebuch.[32]

Die öffentliche Wirkung Kerenskis verpuffte in wenigen Monaten, weil sich die Lebensverhältnisse verschlechterten, die innere Sicherheit auf dem Spiel stand und die militärische Front zusammenbrach. Im Juli 1917 war er noch ein charismatischer Führer, im September nur noch ein Verlierer, der sich für einen Meister der Ansprachen hielt. Am Ende gehorchten ihm weder die Generäle noch die Soldaten in den Schützengräben. In Wirklichkeit war er nur ein Repräsentant simulierter Staatlichkeit, ein eingebildeter Diktator, der hysterische Reden hielt, der aber nichts zu vertreten und zu verteidigen hatte und der im entscheidenden Augenblick, als die Machtfrage gestellt wurde, kläglich versagte. Reden, denen keine Taten folgen, hört niemand mehr zu, einem Diktator, der niemanden mehr etwas diktieren kann, mag niemand mehr folgen. General Juri Danilow, der Kerenski Ende April während einer Sitzung des Kabinetts kennengelernt hatte, fällte später ein wenig schmeichelhaftes Urteil über den Volkstribun. Zwar sei er die einzige Autoritätsperson im Kreis der Minister gewesen, der sich alle Anwesenden sklavisch untergeordnet hätten. Aber schon damals sei die Lächerlichkeit des Revolutionsführers offenkundig gewesen. Kerenski habe sich einen Armverband angelegt, weil ihm die Matrosen, deren Hände er unentwegt geschüttelt habe, die Gelenke gebrochen hätten. Ein Revolutionär, der nicht einmal den Handschlägen des Volkes gewachsen war! Und dann bezog er auch noch die Gemächer Alexanders II. im Winterpalast und empfing Gäste im früheren Arbeitszimmer des Zaren. Wie konnte sich ein Mann, der sich für

---

[32] *Benua*, Moi dnevnik, S. 149.

einen unbestechlichen Revolutionär hielt, derart lächerlich machen? Kerenskis Charisma verblasste ebenso rasch wie es inszeniert worden war. Am Ende blieb von ihm nichts als die Erinnerung an einen exaltierten Menschen, der die Revolution verspielt hatte, weil er nicht wußte, wie man Schlachten schlägt und Siege erringt.[33]

Immerhin zogen Lenin und Trotzki Lehren aus der Niederlage, die sie im Juli 1917 erlitten hatten. Die Kunst des Aufstandes, so wußten sie nun, bestand nicht darin, Massen beliebig zu mobilisieren, sondern darin, dem Aufstand Kontur und Führung zu geben. Wer braucht schon eine Masse, die sich nicht lenken läßt? Es reicht nicht aus, die Revolution zu wollen, man muß sie auch ins Werk setzen können. Denn die Masse kann nicht handeln, sie wird erst dann zu einer zerstörerischen Kraft, wenn kleine Gruppen entschlossener Revolutionäre sich ihrer bemächtigen, sie formen und lenken.

Als General Lawr Kornilow, der Oberkommandierende der russischen Armee und Kopf der konservativen Gegenrevolution, Ende August 1917 mit dem Gedanken spielte, dem Chaos ein Ende zu setzen und sich zum Diktator zu erheben, nutzte Lenin die Gunst der Stunde und vertrieb die Provisorische Regierung von der Macht. Nicht nur als Sprachrohr verbitterter Massen wollte er gesehen werden, sondern auch als derjenige, der die Errungenschaften der Februarrevolution gegen ihre reaktionären Feinde, aber auch gegen die schwachen und machtlosen Minister der Provisorischen Regierung verteidigte. Lew Trotzki, der Vorsitzende des Militärrevolutionären Komitees des Arbeiter- und Soldatenrates und Mitstreiter Lenins, mußte dem Aufstand nur noch Form und Richtung geben. Am 25. Oktober wurde die Provisorische Regierung durch einen generalstabsmäßig ausge-

---

[33] *Daniloff*, Dem Zusammenbruch entgegen, S. 169; *Alexandr Bubnov*, V carskoj stavke. Vospominanija admirala Bubnova, New York 1955, S. 348–349; *Aleksandr Ivanovič Gučkov*, rasskazyvaet ... Vospominanija predsedatelja gosudarstvennoj dumy i voennogo ministra vremmenogo pravitel'stva, Moskva 1993, S. 106–107.

# 1. Der Aufstand

führten Militärcoup gestürzt, ihre Minister verhaftet. Lenin war an der Macht, und er nutzte sie, um der Welt ein Beispiel dafür zu geben, was Willenskraft vermag, wenn sie sich gegen Widerstand behaupten muß. Der Oktoberumsturz selbst aber war nur ein Hauch im Wind, ein Akt, von dem die meisten Bewohner der Hauptstadt erst erfuhren, als er sich bereits vollzogen hatte.[34]

---

[34] Im Überblick vgl. *Figes*, Die Tragödie eines Volkes, S. 501–551; *George Katkov*, The Kornilov-Affair: Kerensky and the Break-Up of the Russian Army, London 1980; *Stephen Kotkin*, Stalin, Bd. 1: Paradoxes of Power, London 2014, S. 174–226.

## 2. Ordnung und Macht

Jede Revolution ist ein Geschehen, in dem Macht genommen und erworben wird. Aber was meinen wir eigentlich, wenn wir sagen, jemand habe Macht, sei mächtig? „Nichts erscheint erstaunlicher bei der philosophischen Betrachtung menschlicher Angelegenheiten", wunderte sich David Hume, „als die Leichtigkeit, mit der die Vielen von Wenigen regiert werden und die stillschweigende Unterwerfung, mit der Menschen ihre eigenen Gesinnungen und Leidenschaften denen ihrer Herrscher unterordnen."[35] Alle sozialen Ordnungen beruhen auf der unausgesprochenen Verabredung, daß die Wenigen diktieren und die Vielen sich ihnen fügen. Leben heißt, sich in Machtverhältnissen einzurichten. Macht ist omnipräsent, sie ist überall, wo Menschen miteinander zurechtkommen müssen. Aber man kann sie nicht besitzen. Sie geschieht vielmehr, wenn Entscheidungen getroffen und befolgt werden. Es gibt keinen machtfreien Raum, nicht einmal dort, wo vom Zwang nichts zu spüren ist. Immerzu entscheidet oder gehorcht irgendjemand, ganz gleich, ob man an solchen Hierarchien Gefallen findet oder nicht. Macht hat, wer Versprechungen geben und glaubhaft machen kann, anderen jederzeit Vorteile oder Nachteile verschaffen zu können. Wer nicht belohnen und strafen kann, wird auch niemanden finden, der ihm gehorcht.[36]

So gesehen ist die Macht weder gut noch böse, sie ist das, was der Mensch aus ihr macht. Deshalb entziehen sich Machtverhält-

---

[35] *David Hume*, Über die ursprünglichen Prinzipien der Regierung, in: ders., Politische und ökonomische Essays, Bd. 1, Hamburg 1988, S. 25–30, hier S. 25.

[36] *Carl Schmitt*, Gespräche über die Macht und den Zugang zum Machthaber, Stuttgart 2008 (erstmals Pfullingen 1954), S. 13.

nisse jeglicher Berechenbarkeit: Was heute gewiß scheint, kann morgen schon in Frage stehen, weil die Mächtigen zaudern, zweifeln, Schwäche zeigen oder ihre Autorität einbüßen und weil jene, die nicht mächtig sind, die Gelegenheit nutzen, um die Verhältnisse zu ihren Gunsten zu beeinflussen. Machtverhältnisse sind fließend, schwankend, sie gewinnen Form, und dann vergehen sie wieder. Revolutionen geschehen nicht allein deshalb, weil die Aufständischen etwas wollen, sondern weil sie etwas können, was den Mächtigen nicht mehr gelingt. Es sind reine Augenblicke, Situationen und ihre Menschen, die darüber entscheiden, wie es weitergeht. Die eigentliche Zeit der Macht ist nicht der Augenblick, in dem etwas geschieht, sondern die Reflexion des Überlegenen und des Unterlegenen darüber, was im nächsten Augenblick geschehen könnte. Alles Leben ist Lernen, damit zurecht zu kommen.[37] Wer also von der Revolution spricht, darf über die Macht nicht schweigen.

Hobbes sagt, daß die Menschen am Zusammenleben keine Freude haben, „wenn es keine Macht gibt, die dazu in der Lage ist, sie alle einzuschüchtern".[38] Wer das tägliche Einerlei, den trägen Strom des Alltagslebens für selbstverständlich hält, mag nicht glauben, daß die Einschüchterung der Grund der Friedfertigkeit ist. Erst, wenn die Instrumente rostig werden, mit denen gewöhnlich der Ungehorsam bestraft wird, kommt eine Ahnung davon auf, worauf der Frieden beruht: Wenn der zarische Innenminister, Alexander Protopopow, damit droht, Maschinengewehre auf den Dächern der Häuser aufzustellen, dann aber keinen Gebrauch von ihnen macht, wenn der Zar Truppen in die Hauptstadt entsendet, ihnen dann aber verbietet, einzugreifen, weil er vermeiden will, daß seine Frau und seine Kinder im Palast von Zarskoe Selo zu Geiseln erklärt werden, oder wenn der Kosaken-

---

[37] *Jan-Philipp Reemtsma*, Die Gewalt spricht nicht, in: ders., Die Gewalt spricht nicht. Drei Reden, Stuttgart 2002, S. 25; *Jörg Baberowski*, Räume der Gewalt, 3. Aufl., Frankfurt am Main 2018, S. 195–213.
[38] *Thomas Hobbes*, Leviathan, oder Stoff, Form und Gewalt eines bürgerlichen und kirchlichen Staates, Frankfurt am Main 1976, S. 95.

offizier, der an der Newabrücke steht, mit dem Einsatz von Schußwaffen droht, ihn dann aber der Mut verläßt, als sich die ersten Demonstranten durch den Militärkordon hindurchschlängeln.[39]

Auch in der Armee des Zaren gehorchten Soldaten ihren Offizieren, obgleich sie sie hassen mochten und obgleich sie wußten, daß die Demonstranten, auf die sie schießen sollten, Bauern wie sie selbst waren. Aber dann zerreißt plötzlich die eiserne Befehlskette, und die Ordnung löst sich in Windeseile auf. Wie kann es geschehen, daß die Macht der Gewehrläufe brüchig wird? Trotzki gab darauf eine psychologische Antwort, die verriet, wie wenig er auf die anonymen Kräfte der Geschichte vertraute. Nicht soziale Konflikte und politische Ideen, sondern die Möglichkeiten des Augenblicks entschieden über Sieg oder Niederlage. „Die kritische Stunde der Berührung der vordrängenden Masse mit den ihr den Weg sperrenden Soldaten hat ihre kritische Minute: dann, wenn die graue Barriere noch nicht auseinandergefallen ist, noch Schulter an Schulter steht, aber bereits schwankt und der Offizier unter Sammlung seiner letzten Entschlossenheit den Befehl ‚Feuer' gibt. Schreie der Menge, Aufheulen des Schreckens und Drohungen übertönen die Stimme des Kommandos, – doch nur zur Hälfte. Die Gewehre wogen, die Menge drängt nach vorn. Da richtet der Offizier den Lauf seines Revolvers auf den verdächtigsten Soldaten. Aus der entscheidenden Minute hebt sich die entscheidende Sekunde heraus. Die Vernichtung des kühnsten Soldaten, auf den unwillkürlich die Blicke aller übrigen gerichtet sind, der Schuß eines Unteroffiziers aus dem einem Toten entrissenen Gewehr in die Menge – und die Barriere schließt sich, die Gewehre gehen von selbst los, die Menge in die Nebenstraßen und Höfe wegfegend. Aber wie viele Male seit dem Jahre 1905 ist es anders gekommen: im kritischen Augenblick, als der Offizier den Hahn abzudrücken sich anschickt, kommt ihm ein Schuß aus

---

39 *Bubnov*, V carskoj stavke, S. 309–311; *Pavel Miljukov*, Vospominanija, Moskva 2001, S. 555; *Paléologue*, Am Zarenhof während des Weltkrieges, Bd. 2, S. 365; *Benua*, Moi dnevnik, S. 114.

## 2. Ordnung und Macht

der Menge zuvor, die ihre Kajurows und Tschugurins hat. Dies entscheidet nicht nur das Schicksal des Zusammenpralls, sondern das Schicksal des Tages, vielleicht des ganzen Aufstandes."[40]

Nun erst kommt den Menschen zu Bewußtsein, daß Machtverhältnisse fragil sind, und manche ergreifen jetzt die Gelegenheit und werfen der Obrigkeit den Fehdehandschuh hin. Sie wissen jetzt, daß alle Macht bedroht ist, weil auch der Mächtigste alt und krank wird, weil auch er verletzlich ist und schlafen muss, weil auch er schwankt und zögert, nichts riskieren will und weil der Schwächste stark genug ist, den Stärksten zu töten: durch List, durch die Verweigerung des Gehorsams, den Einsatz von Waffen oder im Bündnis mit anderen.[41] Alle Menschen sind verletzungsmächtig und verletzungsoffen. Jedem kann das Leben genommen, jeder kann beraubt, um seine Lebensquellen gebracht oder sozial geächtet werden, und jeder weiß es. „Die Sorge, Furcht, Angst voreinander", schreibt der Soziologe Heinrich Popitz, „ist als ein Modus des Vergesellschaftet-Seins niemals ganz wegzudenken. Zusammenleben heißt stets auch sich fürchten und sich schützen."[42]

Macht kann auf verschiedene Weise wirksam werden: als Aktionsmacht, die den anderen verletzt und körperlich überwältigt oder als instrumentelle Macht, die andere durch Versprechungen und Drohungen in Abhängigkeit bringt und ihr Verhalten steuert. Jan-Philipp Reemtsma spricht von Gratifikations- und Sanktionsmacht, Heinrich Popitz von Drohungen. „Dort, wo alles normal seinen Gang geht, ist die Drohung zu Hause. Sie sorgt

---

[40] *Leo Trotzki*, Geschichte der Russischen Revolution. Erster Teil: Februarrevolution, Frankfurt am Main 1982, S. 112–113. Iwan Tschugurin und Wasili Kajurow waren bolschewistische Revolutionäre aus dem Arbeiterstand, die an den Demonstrationen und bewaffneten Auseinandersetzungen der Revolution von 1917 beteiligt gewesen waren. Kajurow war auch Vorsitzender des bolschewistischen Parteikomitees im Petrograder Stadtbezirk Wyborg. Vgl. auch: The Memoirs of Ivan Chugurin, S. 1–12, hier S. 9.
[41] *Hobbes*, Leviathan, S. 94–95.
[42] *Heinrich Popitz*, Phänomene der Macht, 2. Aufl., Tübingen 1992, S. 44.

dafür, daß das Haus nicht angezündet wird."[43] Auf Dauer kann sich ein Machtverhältnis aber nur einrichten, wenn jene, die Gehorsam verlangen, auch über Mittel verfügen, mit denen sie sich gegen Widerstreben durchsetzen, wenn sie tatsächlich drohen, strafen und belohnen können. „Niemand gehorcht Leuten, von denen man annimmt, daß sie keine Macht haben", sagt Hobbes.[44]

Ist die Kontrolle erst einmal verinnerlicht, trägt jeder die Macht mit sich selbst herum. Niemand steuert das Verhalten noch, weil jeder daran arbeitet, sich in der Konformität einzurichten. Alle dauerhaften Machtverhältnisse beruhen darauf, daß Menschen zu Werkzeugen eines fremden Willens werden und von selbst tun, was verlangt wird, weil sie sich davon Vorteile versprechen oder sich vor Sanktionen fürchten, wenn sie sich widersetzen. Mit Hegel könnte man auch sagen: „Was der Knecht thut, ist eigentlich Thun des Herrn".[45] In solcher Abhängigkeit entstehen dauerhafte Autoritätsbindungen: die Anerkennung von Überlegenheit und das Verlangen, vom Überlegenen selbst anerkannt zu werden. Ohne solche Anerkennung wäre ein Leben in Sicherheit und Ordnung überhaupt nicht möglich.

Nicht nur der Mächtige, sondern auch der Gehorchende hat gute Gründe, ein Machtverhältnis einzugehen: weil er Vertrauen zu jenen hat, die befehlen, weil er die Autorität des Mächtigen anerkennt, weil er sich Gutes erhofft, Sicherheit und Ordnung sucht oder sich vor Strafe und Gewalt fürchtet. Nur deshalb gibt es überhaupt ein Interesse daran, sich der Macht auch freiwillig zu fügen. Die Verbindung von Schutz und Gehorsam ist der Grund, auf dem die Macht gedeiht. Darüber gibt es eine unaus-

---

43 *Jan-Philipp Reemtsma*, Vertrauen und Gewalt. Versuch über eine besondere Konstellation der Moderne, Hamburg 2008, S. 141–153; *Popitz*, Phänomene der Macht, S. 93.

44 *Hobbes*, Leviathan, S. 68; *Schmitt*, Gespräche über die Macht, S. 14; *Popitz*, Phänomene der Macht, S. 31–32.

45 *Georg Wilhelm Friedrich Hegel*, Phänomenologie des Geistes, in: ders., Hauptwerke in sechs Bänden, Bd. 2, Hamburg 1999, S. 113; *Popitz*, Phänomene der Macht, S. 108–118; *Robert A. Dahl*, The Concept of Power, in: Behaviorial Science 2 (1957), Nr. 3, S. 201–215.

gesprochene Verständigung. Die Wirkung der Macht produziert den Konsens, der Konsens die Dauerhaftigkeit der Macht. Und so gerinnt Macht zu Autorität.

Die meisten Menschen haben also ein Interesse daran, zu gehorchen, weil Macht von Entscheidungszwängen entlastet, denen sie unterworfen wären, wenn sie für ihre Lebensführung selbst Verantwortung tragen müßten. Sie müßten Informationen auswählen, interpretieren und verarbeiten, und sie müßten Entscheidungen treffen. Dafür aber sind sie in der modernen, bürokratisch strukturierten Welt nicht gerüstet, und deshalb teilen sie sich die Arbeit der Informationsverarbeitung. Macht liegt nicht nur die Drohung zugrunde, Widerstand jederzeit zu brechen. Sie verdankt sich auch dem Bedürfnis, entlastet zu werden. Das ist der Grund, warum die meisten Menschen auch dann gehorchen, wenn sie jenen, denen sie unterworfen sind, die Anerkennung verweigern.[46]

In früheren Zeiten hätte man gesagt, die Macht sei Gottes Werk oder naturgegeben. Man hätte den Unterworfenen nur mitgeteilt, es sei der Wille Gottes, daß die einen das Recht haben, Befehle zu erteilen und die anderen die Pflicht, sie befolgen zu müssen. Man kann auf Drohungen verzichten, wenn sich Befehle und Sanktionen mit Tradition aufladen und Ungehorsam als Verstoß gegen Recht und gute Sitten wahrgenommen wird. Seit sich die Menschen aber von den Mythen und der Allmacht Gottes befreit haben, haben sie es nur noch mit sich selbst zu tun. „Die Machthaber sind gegenüber den Machtlosen, die Mächtigen gegenüber den Ohnmächtigen ganz einfach Menschen gegenüber Menschen", sagt Carl Schmitt über das Wesen der Macht.[47] Die Menschen sind ganz unter sich. Sie wissen um den menschlichen Grund und die Machbarkeit der Macht, um ihre Fragilität und Begründungspflicht. Je mehr die Zweifel wachsen,

---

[46] *Niklas Luhmann*, Macht im System, Frankfurt am Main 2012, S. 50–51; *ders.*, Die Politik der Gesellschaft, Frankfurt am Main 2000, S. 18–68; *Schmitt*, Gespräch über die Macht, S. 14.

[47] *Schmitt*, Gespräch über die Macht, S. 13.

desto stärker wird in ihnen das Bedürfnis, Befehl und Gehorsam in einen Begründungszusammenhang zu bringen, der von jedermann eingesehen und verstanden werden kann. Man legt sich eine Begründung zurecht, die plausibel erscheinen läßt, warum andere dürfen, was einem selbst nicht gestattet ist. Im politischen Raum ist Macht darauf angewiesen, sich durch Hinweise auf ihre Rechtmäßigkeit zu legitimieren und sich mit Autorität auszustatten. Wer gehorchen muß, möchte glauben, daß es gute Gründe für seine Unterwerfung gibt. Herrscher, die erklärten, sie seien an der Macht, weil sie könnten, was sie wollten, weil Gott sie dazu auserwählt und berechtigt habe, über andere zu regieren, brächten sich um ihre Legitimation. Es reicht nicht, nur mitzuteilen, daß Macht behauptet sei, weil man sie behaupten wolle und könne. Der moderne Mythos der Herrschaft muß in Geschichten aufgerufen werden, in denen sich die Unterworfenen wiederfinden können. Wer seine Machtansprüche mit einer plausiblen Geschichte ausstattet, stiftet Tradition und kann erreichen, was Despoten, die sich auf die Kraft des Immer-Schon-So-Gewesenen nicht verlassen können, stets erzwingen müssen.

Wer Autorität hat, kann auf Gewalt verzichten und ohne Waffen herbeiführen, was er will. Gewalt ist laut, Autorität leise, weil der Abhängige alle Perspektiven der Autorität übernimmt und sich in ihrem Licht beurteilt. Richard Sennett sprach von der Autorität als einem Versuch, Machtverhältnisse zu interpretieren. „Im Alltag ist Autorität kein Ding. Sie ist ein Interpretationsvorgang, der die Festigkeit eines Dings anstrebt."[48] Autorität erwachse, so Hans-Georg Gadamer, aus Wissen und freiwilliger Anerkennung. „So ist die Anerkennung von Autorität immer mit dem Gedanken verbunden, daß das, was die Autorität sagt, nicht unvernünftige Willkür ist, sondern im Prinzip eingesehen werden kann."[49] Solange niemand imstande ist, solche Autorität heraus-

---

[48] *Richard Sennett*, Autorität, Frankfurt am Main 1985, S. 24. Vgl. auch *Theodor Eschenburg*, Über Autorität, Frankfurt am Main 1976, S. 11–13.
[49] *Hans-Georg Gadamer*, Wahrheit und Methode. Grundzüge einer philosophischen Hermeneutik, 6. Aufl., Tübingen 1990, S. 285.

## 2. Ordnung und Macht

zufordern, muß sie nicht auf sich verweisen, um zu wirken. In diesem Sinn ist Autorität zwar Ausdruck eines Ungleichgewichts, weil der eine anerkannt wird und der andere sich unterwirft. Sie beruht aber weder auf Gewalt noch auf der Kraft des Arguments, sondern allein auf der schweigsamen Anerkennung von Überlegenheit und auf dem Verlangen, vom Überlegenen selbst anerkannt zu werden.[50] Sie ist innerlich akzeptierte Abhängigkeit, sie ist Ansehensmacht.

Anders gesagt: Macht gründet sich auf Versprechen und Drohungen, Autorität auf Bewährung. Man weiß, was jemand zu leisten imstande ist, und deshalb erkennt man seine Überlegenheit an. Autorität ist Macht, die aufgrund von Kompetenzen ausgeübt wird und sich bewährt.[51]

Und dennoch hängt die Anerkennung von Autorität von Situationen und von der Lebenswelt ab, in der man zu Hause sein muß. Autoritätsbindungen entstehen und vergehen, und es hängt von den Leistungen ab, die jemand auf einem Feld vollbringt, ob man sich ihm unterwirft. Jeder Kontext schafft seine eigenen Helden. Wer in einer bürokratisch strukturierten und rechtlich befriedeten Umgebung lebt, wird sich der Autorität von Heerführern, Offizieren oder Gewalttätern wahrscheinlich nicht unterwerfen, weil die meisten Menschen Ordnungs- und Erwartungssicherheit nicht aufs Spiel setzen und den Technikern des Krieges lieber nicht begegnen wollen. Menschen, die auf dem Schlachtfeld zurechtkommen müssen, können sich solche Haltungen nicht leisten. „Ein fähiger Heerführer", so Hobbes, „ist zur Zeit eines herrschenden oder drohenden Krieges sehr teuer, im Frieden jedoch nicht. Ein gelehrter und unbestechlicher Richter ist in Friedenszeiten von hohem Wert, dagegen nicht im Krieg. Und wie bei anderen Dingen, so bestimmt auch bei den Menschen nicht der Verkäufer den Preis, sondern der Käufer. Denn mag jemand, wie es die meisten

---

50 *Hannah Arendt*, Was ist Autorität?, in: dies., Zwischen Vergangenheit und Zukunft. Übungen im politischen Denken I, München 1994, S. 159–200, hier S. 159–160.
51 *Luhmann*, Macht im System, S. 64–65.

Leute tun, sich selbst den höchsten Wert beimessen, so ist doch sein wahrer Wert nicht höher als er von anderen geschätzt wird."[52]

Ganz gleich, ob Macht durch Konsens, durch Autoritätsbindung oder Gewalt durchgesetzt wird, stets diktiert die Minderheit der Mehrheit ihren Willen, weil die Wenigen sich in abgeschlossenen Gruppen miteinander verbinden und ihrem Willen eine Organisation geben. Die Vielen verschwinden in der amorphen Masse und haben den Entschlossenen und Organisierten nichts entgegenzusetzen. Popitz spricht von der produktiven Überlegenheit von Solidaritätskernen. Die Organisationsfähigkeit der Wenigen kommt aus ihrer Solidarität und ihrer gegenseitigen Loyalität.[53] Sie ermöglicht es den Machthabern, Aufsichtsfunktionen zu delegieren, weil auch sie vor Verrat und Gewalt geschützt werden wollen. Durch stellvertretendes Handeln, das mit der Vergabe von Privilegien belohnt wird, sparen die Mächtigen und ihre Stellvertreter Zeit. Denn Arbeitsteilung wirkt entlastend auf alle Mitglieder der Gruppe, die nicht mehr von Fall zu Fall entscheiden müssen, sondern wissen, was auf ihrem Handlungsfeld geboten ist. Solange der Zar, seine Minister und Generäle mit einer Stimme sprachen, die Beamten in den Behörden ihren Alltagsgeschäften nachgingen, ohne darüber nachzudenken, welchem Zweck und auf welcher Legitimationsgrundlage Entscheidungen getroffen wurden, konnte niemand einen Keil in das Machtgefüge treiben. Die Einheit und Organisationsfähigkeit der Wenigen ist der Grund für die Dauerhaftigkeit und Beständigkeit von Machtverhältnissen.

Macht hat, wer warten kann, wie Luhmann sagt. Dauerhafte Machtbeziehungen entfalten sich erst, wenn Außenstehende vom Machtzentrum und seinen bürokratischen Filialen abhängig werden und um Gunstbeweise buhlen. Gesichert sind sie, wenn die Machtordnung innerlich anerkannt, der Legitimation der Ordnungsstifter Glauben geschenkt wird. Solche Anerkennung hängt

---

52 *Hobbes*, Leviathan, 67.
53 *Popitz*, Phänomene der Macht, S. 185–187, 203; *Reemtsma*, Die Gewalt spricht nicht, S. 17.

von der Fähigkeit der Mächtigen ab, über eine längere Zeit Ordnungs- und Erwartungssicherheit an jedem Ort und in allen Situationen durchzusetzen. Ordnungssicherheit herrscht, wenn alle Beteiligten wissen, was sie tun dürfen und was nicht, womit sie rechnen können und welche Erwartungen erfüllt werden müssen, um sich Vorteile oder Belohnungen zu verschaffen. Das aber gelingt nur, wenn sich soziale Beziehungen von lokalen Kontexten lösen. Regelvertrauen entsteht, wenn soziales Handeln auch dann vorhersehbar ist, wenn jene, die Entscheidungen treffen, unbekannt sind.[54]

Die Bürokratie entfalte ihre Eigenart und Effizienz dort um so „vollkommener", so Max Weber, je mehr sie sich „entmenschlicht", je mehr sie sich in ihrem Handeln von Gefühlen und Betroffenheit löst.[55] Über den modernen Beamten sagt Luhmann deshalb, daß er zwar seine Person in die Behörde mitbringe, dort aber nur spezifische Leistungen von ihm gefordert würden. „Seine Gefühle und seine Selbstdarstellungsinteressen werden dabei kaum beansprucht. Sie lungern während der Arbeit funktionslos herum und stiften Schaden, wenn sie nicht unter Kontrolle gehalten werden."[56] Man vertraut einem Polizisten oder einem Richter auch ohne Ansehen der Person, weil bekannt ist, daß Staatsbeamte in hierarchisch gegliederten Behörden arbeiten, verbindliche Regeln befolgen, nicht Vorlieben bedienen und weil man weiß, mit welchen Handlungen Erwartungen erfüllt werden können. Wo solches Regelvertrauen gar nicht erst entsteht, wie in den ländlichen Regionen und an der asiatischen Peripherie des Zarenreiches, muß sich Macht durch Gewalt, durch Anwesenheit und die persönliche Autorität des Herrschers und seiner Satrapen immer wieder zur Geltung bringen.[57]

---

[54] *Anthony Giddens*, Konsequenzen der Moderne, Frankfurt am Main 1996, S. 42–44.
[55] *Max Weber*, Wirtschaft und Gesellschaft. Grundriß der verstehenden Soziologie, 5. Aufl., Tübingen 1976, S. 563.
[56] *Niklas Luhmann*, Der neue Chef, Berlin 2016, S. 43.
[57] *Jörg Baberowski*, Vertrauen durch Anwesenheit: Vormoderne Herrschaft im späten Zarenreich, in: ders./David Feest/Christoph Gumb (Hrsg.),

Die moderne Bürokratie ist ein Apparat, in dem Beamte ohne Ansehen der Person, ohne Haß und Leidenschaft, ohne Liebe und Enthusiasmus Entscheidungen nach Lage der Sache treffen und sich von nichts anderem als von der Loyalität gegenüber dem Staat und seinen Gesetzen leiten lassen.[58] Staatsbeamte gebieten aber auch über Fach- und Tatsachenwissen, das sie in eine Überlegenheit gegenüber allen Menschen bringt, die solches Wissen nicht haben. Es kommt im politischen Alltag deshalb vor allem darauf an, daß die Beamten den Machthabern gewogen bleiben, denn allein von ihrer Haltung hängt es ab, ob Entscheidungen überhaupt noch getroffen und durchgesetzt werden können. So gesehen erweitern bürokratische Institutionen und Verfahren die Durchgriffsmöglichkeiten der Herrschaft, aber sie begrenzen sie auch, weil der Herrscher sich in die Abhängigkeit von Fachleuten begibt, ohne die er ein Niemand wäre. Was Peter I. (1682–1721) als absolutistischer Herrscher und Tyrann noch aus eigener Machtvollkommenheit in die Welt setzen konnte, war für Alexander II. (1855–1881) schon nicht mehr vorstellbar. Er war ein Autokrat von Gnaden der Bürokratie. Daran konnte auch sein Sohn, Alexander III. (1881–1894), nichts mehr ändern. Alexander III. verachtete die Juristen in den Behörden, die seinen Machtradius einschränkten und seine persönliche Herrschaft an Gesetze und Verordnungen banden. Michail Loris-Melikow, der unter seinem Vater, Alexander II., Innenminister gewesen war, erinnerte sich, der Zar habe das Oberste Gericht, den Senat und seine Richter, verabscheut „wie Rizinusöl". Aber auch er begriff, daß sich Erwartungssicherheit für den Herrscher auszahlte.[59] Die

---

Imperiale Herrschaft in der Provinz. Repräsentationen politischer Macht im späten Zarenreich, Frankfurt am Main 2008, S. 17–37; ders., Erwartungssicherheit und Vertrauen: Warum manche Ordnungen stabil sind und andere nicht, in: ders. (Hrsg.), Was ist Vertrauen? Ein interdisziplinäres Gespräch, Frankfurt am Main 2014, S. 7–29.

58 *Weber*, Wirtschaft und Gesellschaft, S. 128–129.

59 *Anatoli Fedorovič Koni*, Predstavlenie Aleksandru III v Gatčine, in: ders., Sobranie Sočinenij, Bd. 2, Moskva 1966, S. 348–354, hier S. 354; *Heide Whelan*, Alexander III. and the State Council. Bureaucracy and Counter-Reform in Late Imperial Russia, New Brunswick/N.J. 1982, S. 98–103.

## 2. Ordnung und Macht

Despotie lebt nur vom Augenblick, weil nicht nur das Leben der Untertanen, sondern auch die Existenz des Selbstherrschers jederzeit in Frage steht. Herrschaft, die sich am Recht und seinen Verfahren orientiert, begrenzt Willkür, bringt das Leben aber auch in eine Balance, von der alle einen Gewinn haben.

Jetzt kommt den Verhältnissen, in denen sich die Unterworfenen eingerichtet haben, ein eigener Ordnungswert zu, ganz gleich, ob man sich ihnen freiwillig fügt oder gezwungen wird. Denn auch die anderen müssen tun, was einem selbst abverlangt wird. Ordnungssicherheit verbessert die Lebensqualität, selbst dann, wenn die Bürokratie in seelenloser Routine systematisch lebensfremde und unsinnige Verordnungen vollstreckt und ihre Beamten, durch Korpsgeist vereint, jeden Sinn für individuelle Verantwortung vermissen lassen. Jeder kann sich mehr oder weniger mit den Verhältnissen arrangieren und Vorkehrungen für ein gutes Leben treffen. Der Konformitätsdruck ist nicht mehr spürbar, der Fremdzwang verwandelt sich in Selbstzwang. Die Anerkennung einer Ordnung beruht am Ende gar nicht auf politischen Überzeugungen, sie kann sich vielmehr an ihnen „vorbeientwickeln," wie Popitz sagt.[60]

Gegen Gewohnheiten kann die Vernunft nicht Recht behalten. Nicht einmal Inszenierungen werden als solche noch erkannt, weil die Symbole der Kommunikation den Anschein des Natürlichen erwecken. Solange Ordnungen nicht zu einer Frage werden, die einer Antwort bedarf, bleibt die Welt stabil. Man kann also eine Ordnung aus vielerlei Gründen ablehnen und sich ihr dennoch fügen, weil ihr Ordnungswert im Alltagsleben evident geworden ist, weil die Verbindung von Schutz und Gehorsam der Grund ist, auf dem die Macht gedeiht.[61] Wie viele Menschen hatten in den letzten Jahren des 19. Jahrhunderts innerlich mit

---

[60] *Popitz*, Phänomene der Macht, S. 226–227.
[61] *Hans-Georg Soeffner*, Zur Soziologie des Symbols und des Rituals, in: ders., Gesellschaft ohne Baldachin. Über die Labilität von Ordnungskonstruktionen, Weilerswist 2000, S. 202; *Popitz*, Phänomene der Macht, S. 226.

der Autokratie gebrochen, und wie viele Menschen zogen es dennoch vor, sich gehorsam ins Unvermeidliche zu fügen, weil sie ihre Existenz nicht aufs Spiel setzen wollten?

Mit jedem neuen Menschen, der geboren wird, aber kommt Unvorhersehbares in die Welt. „Die Tatsache, daß der Mensch zum Handeln im Sinne des Neuanfangs begabt ist", so Hannah Arendt, „kann daher nur heißen, daß er sich aller Absehbarkeit und Berechenbarkeit entzieht."[62] Was immer von Menschenhand geschaffen worden ist, kann auch wieder zerstört, Verträge gekündigt werden. Gott muß man gehorchen, von Menschen aber will man überzeugt werden: durch Worte und Taten. Jeder Geltungsanspruch muß sich also gegen potentiellen Ungehorsam durchsetzen können.

Wer Macht anwendet, begrenzt den menschlichen Freiheitsraum, deshalb ist Macht fragwürdig und rechtfertigungsbedürftig. Was gerechtfertigt werden muß, steht aber grundsätzlich im Zweifel. Jede Fremdbestimmung stößt auf den Anspruch der Selbstbestimmung. Deshalb ist Macht immerzu bedroht. Jedem kann das Leben genommen, jeder kann beraubt oder sozial geächtet werden, und jeder weiß es. Sorge und Furcht bestimmen das Leben. In existentiellen Situationen, wenn alles auf dem Spiel zu stehen scheint, wird überhaupt erst erfahrbar, was Macht ist und auf welch schwankendem Grund sie ruht. Wer die Briefe Alexanders III. an seinen Mentor, Konstantin Pobedonoszew, die Berichte der Generalgouverneure und Geheimpolizisten gelesen hat, die sich vor Attentaten, Verrätern und Saboteuren fürchteten und jedes Maß verloren, versteht sogleich, warum Furcht und Macht zwei Seiten einer Medaille sind.[63]

Es ist das Dilemma absoluter Macht, daß der Herrscher nur noch erfährt, was er hören und lesen soll. Je mehr Macht in den

---

[62] *Hannah Arendt*, Vita Activa oder vom tätigen Leben, 6. Aufl., München 2007, S. 217.
[63] Pis'ma Pobedonosceva Aleksandru III., Bd. 1, Moskva 1925. Vgl. dazu auch *Fabian Thunemann*, Verschwörungsdenken und Machtkalkül. Herrschaft in Rußland, 1866–1953, Berlin 2019, S. 28–74.

## 2. Ordnung und Macht

Händen eines Einzelnen konzentriert ist, desto dringlicher wird die Frage nach dem Zugang zum Machthaber. Man weiß, wie viel davon abhängt, das Ohr des Herrschers zu erreichen, und deshalb wehren die Gefolgsleute alle Versuche von Aufsteigern und Außenseitern ab, die Tür zum inneren Kreis der Macht zu öffnen. Der Korridor, der zum Vorraum des eigentlichen Machtzentrums führt, verengt sich. Es sind nur noch wenige Menschen damit betraut, den Machthaber mit Informationen zu versorgen und den Zugang zum Herrscher zu kontrollieren.[64] Der Machthaber wird isoliert, er verliert die Bodenhaftung, vom Geschehen jenseits des Palastes erfährt er nur noch das, was er hören soll. Nicht vor den Untertanen fürchtet sich der Autokrat, sondern vor der Palastrevolte. Und er hat allen Grund dazu, weil nur im Palast die Macht noch zu Hause ist und in Frage steht. Wer die Tyrannei brechen will, muß den Tyrannen töten. Die Gefahr, gestürzt zu werden, ist dort am größten, wo sich die Macht den Anschein gibt, grenzenlos zu sein.[65]

Macht, die durch bürokratische Praxis und Gewaltenteilung fragmentiert und in rechtliche Formen gegossen worden ist, läßt sich hingegen nicht nach Belieben erschüttern. Wer nur den Regierungschef tötete, gewönne nichts außer Aufmerksamkeit. Denn Institutionen lassen sich nicht einfach beseitigen.[66] Sie stehen erst in Frage, wenn die Träger legitimer Gewaltausübung – Polizei, Militär, Justiz – den Gehorsam verweigern, zum Feind überlaufen. Kein Verweis auf Verfassung und Recht wäre jetzt noch imstande, die Ordnung zu schützen, ganz gleich, welchen politischen Namen sie tragen mag. Eine Ordnung, die von ihren Hütern im Stich gelassen wird, hat nur geringe Chancen, den Tag des Aufstandes zu überleben.

---

64 *Schmitt*, Gespräch über die Macht, S. 26.
65 Vgl. die Überlegungen Paul Gregorys über das Dilemma diktatorischer Herrschaft: *Paul Gregory*, Terror by Quota. State Security from Lenin to Stalin, New Haven/CT 2009, S. 219–250.
66 *Georg Simmel*, Die Selbsterhaltung der sozialen Gruppe, in: ders., Gesamtausgabe, Bd. 5: Aufsätze und Abhandlungen 1894–1920, Frankfurt am Main 1992, S. 322.

Es gehört zur Paradoxie der Macht, daß dort, wo institutionelle Autorität zerfällt, persönliche Autorität an Bedeutung gewinnt. Wenn die Gewalt spricht, wenn die Schutzwälle brechen, die den Einzelnen vor Willkür und Verfolgung schützen, scharen sich die Menschen um Verkünder, Missionare und Krieger, die versprechen, was die Institutionen nicht mehr leisten. Was Tradition, Gesetz und Ritual nicht mehr vermögen, wird durch die Autorität dessen kompensiert, der im Angesicht des Chaos Zwecke setzt. Autorität beruht auch auf der Aura, die besondere Menschen umgibt.[67]

So erhob Alexander II. im Februar 1880 den armenischen General Michail Loris-Melikow zum Diktator, um die Terroristen der „Narodnaja Wolja" zur Strecke zu bringen und das Volk hinter den Thron zu scharen, weil offenkundig geworden war, daß die Institutionen versagt hatten und das Charisma des Herrschers verblaßt war.[68] 1905, im Jahr der ersten russischen Revolution, beauftragte Nikolai II. den zynischen, genialen Machtmenschen Sergei Witte mit der Aufgabe, das Staatsschiff aus der Gefahrenzone zu lenken, der sogleich damit begann, die Liberalen gegen die Revolutionäre auszuspielen und Nikolai II. zum Statisten auf der politischen Bühne zu degradieren.[69] Zwölf Jahre später inszenierte sich der Sozialrevolutionär Alexander Kerenski als Diktator der Revolution, der vollbrachte, was die Provisorische Regierung aus eigener Kraft nicht mehr bewältigen konnte. Die Bindungskraft persönlicher Autorität ist eine Quelle der Machtsteigerung, vor allem dann, wenn alle anderen Quellen versiegt sind. Wo

---

[67] *Hannah Arendt,* Macht und Gewalt, 18. Aufl., München 2008 (erstmals 1970), S. 55.
[68] Vgl. *Anatolij Fedorovič Koni,* Graf M.T. Loris-Melikov, in: ders., Sobranieسočinenij, Bd. 5, Moskva 1968, S. 184–216, hier S. 185–187, 196; *Matthias Stadelmann,* „Man spürt jetzt etwas völlig Neues": General Graf Loris-Melikovs Bemühungen um eine reformierte Autokratie (1879–1881), in: Forum für osteuropäische Ideen- und Zeitgeschichte 15 (2011), S. 23–47.
[69] *Sidney Harcave,* Count Serge Witte and the Twilight of Imperial Russia: A Biography, New York 2004; *Frank Wcislo,* Tales of Imperial Russia: The Life and Times of Sergei Witte 1849–1915, Oxford 2011.

## 2. Ordnung und Macht

Ordnungen in Gefahr sind, ist die Autorität des Machthabers überhaupt die letzte Ressource, auf die sich der Frieden noch berufen kann: die Autorität des Königs, des Demagogen, des Diktators oder Retters in der Not, die kompensiert, was die Institutionen nicht mehr leisten. Was waren Alexander Kerenski oder Lawr Kornilow, die Idole der Revolution und Gegenrevolution, anderes als personifizierte Hoffnungen von Menschen, die im Sommer 1917 von der Rechtsordnung und ihren Institutionen nichts mehr erwarteten?[70]

Aber erst wenn persönliche Autorität den Augenblick überdauert, in dem sie entsteht, und sich in Institutionen ablagert, wird zurückgewonnen, was verloren gegangen ist. Diese Metamorphose der Macht zeigt sich in allem Geschehen, in dem Ordnungen verfallen und wiedererrichtet werden. Was immer Menschen auch vermögen, – in der Moderne versteht sich nichts mehr von selbst, jede Inszenierung muß gerechtfertigt und kann in Frage gestellt werden, weil Gott tot und die Ordnung fragil geworden ist.

---

[70] *Boris Kolonickij*, „Tovarišč Kerenskij". Antimonarchičeskaja revoljucia i formirovanie kulta „vožda naroda" mart–ijun' 1917 goda, Moskva 2017; *Richard Abraham*, Alexander Kerensky. The First Love of the Revolution, New York 1987.

## 3. Der sterbliche Gott oder die Ursprünge staatlicher Herrschaft

Herrschaft ist institutionalisierte Macht. Sie ist nicht länger an die Person gebunden, die sie verkörpert, sie verbindet sich vielmehr mit Funktionen und Rollen, sie orientiert sich an Regeln, Verfahren und Ritualen. Herrschaft ist entpersonalisierte und formalisierte Macht. Sie ist Macht, die feste Formen annimmt, weil es ein Interesse daran gibt, zu gehorchen und weil unzweifelhaft geworden ist, daß diejenigen, die an der Macht sind, auch die Mittel haben, Zwang auszuüben.[71] Damit der Machthaber über sporadische Macht hinauskommen kann, muß sich die Machtausübung in wiederholbaren Situationen bewähren, der Unterworfene muß wissen, daß sein Handeln in bestimmten Situationen immer wieder mit gleichen Sanktionen belegt wird und er auch in Zukunft ein Leben in Sicherheit führen kann. Am Ende setzen sich gleichartige Verhaltensweisen in gleichartigen Situationen auf Dauer durch. Wer immer wieder gehorcht, bevor die Staatsgewalt ihn überhaupt zur Ordnung rufen muß, hat verinnerlicht, worauf es ankommt. Niemand braucht jetzt noch einen Polizisten, der darauf verwiese, was erlaubt, und was verboten ist. Aus einer „Hier-und-jetzt-Fügsamkeit" wird eine „Immer-wenn-dann-Fügsamkeit".[72] So reduziert sich der Aufwand, den Machthaber zur Verhaltenssteuerung betreiben müßen. Wenn Befehle durch Normen abgelöst werden und das richtige Verhalten aus der Situation abgeleitet werden kann, muß der Machthaber nicht mehr ständig eingreifen. Er braucht überhaupt nicht

---

71 *Weber*, Wirtschaft und Gesellschaft, S. 122.
72 *Popitz*, Phänomene der Macht, S. 238–239; *Jacob Burckhardt*, Weltgeschichtliche Betrachtungen. Mit einem Nachwort von Jürgen Osterhammel, München 2018, S. 45; *Soeffner*, Zur Soziologie des Symbols, S. 206–207.

## 3. Der sterbliche Gott

mehr anwesend zu sein, um zu erzwingen, was er will. Für alle Beteiligten wird die Machtbeziehung berechenbar, weil sie sich in die gesellschaftliche Ordnung als Norm integriert und Orientierung schafft. Mit Elias Canetti könnte man auch sagen, daß die Herren die Sklaven bestochen haben. Sie geben ihnen Sicherheit und Wohlstand und können darauf verzichten, sie mit Gewalt zum Gehorsam zu zwingen. Aber auch der Untertan begreift nun, daß er nicht seine Macht vermehrte, sondern nur seinen Untergang beschleunigte, wenn er die Entscheidung träfe, das Leben mit dem Einsatz von Gewalt herauszufordern. „Diese Denaturierung des biologischen Fluchtbefehls erzieht Menschen und Tiere zu einer Art freiwilligen Gefangenschaft, von der es alle möglichen Grade und Abstufungen gibt."[73] Der Staat erweist seine Lebensfähigkeit, indem er Gewalt in Kraft verwandelt.

Unter solchen Voraussetzungen können Systeme auch dann überdauern, wenn Machthaber sterben oder ihre Stellvertreter ausgewechselt werden. Die Repräsentanten der Herrschaft strahlen nun eine überindividuelle Aura aus: durch Kleidung, Sprache, Mimik und Rituale, die jedermann zu Bewußtsein bringen, daß die Macht durch sie und ihre Handlungen hindurchspricht.[74] Die Verstetigung von Herrschaft sichert aber nicht nur das Überleben des Souveräns, sie wirkt auch traditionsbildend. Herrschaft beruht darauf, daß in Vergessenheit gerät, was ihr Ursprung gewesen ist. Was vor einhundert Jahren gestohlen wurde, wird nicht mehr zurückgefordert, weil sich der Schleier des Rechts und der Tradition über die Gewalt gelegt hat. Schon deshalb muß sie die Sinne ansprechen, Illusionen erzeugen, die das Herz erwärmen. Das Volk braucht Trost und Zuversicht, es braucht den Mythos, nicht die Wahrheit. Wenn der Staat seine Machtfülle entfalten will, muß er sich in ein Kunstwerk verwandeln. Denn Traditionen wirken ohne Begründungen, sie bezie-

---

[73] *Elias Canetti*, Masse und Macht, Hamburg 1960, S. 363; *Burckhardt*, Weltgeschichtliche Betrachtungen, S. 41, 45.
[74] *Barbara Stollberg-Rilinger*, Rituale, Frankfurt am Main 2013, S. 13–14.

hen ihre Geltung aus Herkommen und Überlieferung, aus Gefühl und Gewohnheit. „Funktionierende Macht beruht auf kollektiver Amnesie, und Verbrechen werden mit der Zeit zu alten Weggefährten."[75]

Man beugt die Knie vor dem Zaren nicht allein, weil man ihn fürchtet, sondern weil man seine Herrschaft als Ausdruck des eigenen Willens, göttlicher Fügung oder Tradition versteht. Auch die russische Autokratie inszenierte sich zu verschiedenen Zeiten als Motor der Europäisierung, als Werkzeug des Fortschritts, das alles Recht zu herrschen auf seiner Seite hatte, später auch als das eigentliche Wesen „russischer" Staatlichkeit und konservativer Bewahrung.[76] Die Inszenierung der Herrschaft gelingt, solange sie sich mit Traditionen verbinden kann, die auch im Volk Zustimmung finden.

Schon immer hatten Rußlands Zaren ein besonderes Gespür für die Inszenierung ihrer Herrschaft, die sich in einer illiteraten, multireligiösen Umgebung auf die Wirkung von Schrift und Sprache nicht beschränken konnte. Die Autokratie inszenierte sich als kraftstrotzende, allmächtige, allwissende und strafende Gewalt, ihre Herrscher gaben vor, Eroberer und Bezwinger zu sein. Aber sie mußten sich hinter Mauern verbergen und mit Mythen umgeben, damit niemand das Geheimnis ihrer Schwäche lüftete.[77] Sobald Macht sich in Kultur verwandelt, erkennen die Menschen die Instrumente gar nicht mehr, die sie einst in die Unterwerfung gezwungen haben, weil sie hinter der Fassade des Loyalitätsgefüges verschwinden. Die Kultur ist ein Medium der Macht, weil sie persönliche Autorität in weiche Gewänder hüllt.[78]

---

75 *Terry Eagleton*, Kultur, Berlin 2017, S. 84–91, Zitat S. 90; *Gadamer*, Wahrheit und Methode. S. 285.

76 *Richard Wortman*, Scenarios of Power. Myth and Ceremony in Russian Monarchy, 2 Bde, Princeton/N.J. 1995, 2000; *Andrew Verner*, The Crisis of Autocracy. Nicholas II. and the Revolution of 1905, Princeton/N.J. 1990, S. 70–103.

77 *Edward Keenan*, Muscovite Political Folkways, in: The Russian Review 45 (1986), S. 115–181.

78 *Eagleton*, Kultur, S. 84–91.

## 3. Der sterbliche Gott

Irgendwann hält man es für selbstverständlich, daß Macht auf solche und keine andere Weise übertragen wird. Von der Gewalt und den Kosten der Staatsbildung ist nichts mehr zu spüren, nur im absoluten Anspruch des Staates, dem Vorrecht, das ihm seit jeher gewährt wurde, schwingt noch die Gewalt mit, die ihm einst zur Geburt verhalf. Was immer der Anfang eines Herrschaftsverhältnisses gewesen sein mag: Übereinkunft, Unterwerfung, Versklavung – am Ende zählt nur, daß institutionalisierte Macht Ordnungssicherheit schafft, die Lebensführung regelt und Rechtfertigungen präsentiert, die für glaubhaft gehalten werden können. „Die Wohltat des Staates besteht darin, daß er der Hort des Rechtes ist" sagt Jacob Burckhardt. „Die einzelnen Individuen haben über sich Gesetze und mit Zwangsrecht ausgerüstete Richter, welche sowohl die zwischen Individuen eingegangenen Privatverpflichtungen als auch die allgemeinen Notwendigkeiten schützen, – weit weniger durch die wirklich ausgeübte Gewalt als durch die heilsame Furcht von ihr"[79].

Der ursprüngliche Unterwerfungsakt ist gesetzlos, vom Recht weiß er nichts. Erst in der Rückschau verwandelt er sich in einen Vertrag, der ihn mit Legitimation ausstattet. Ein Rudel von Raubtieren, kriegerische Herren und Eroberer seien die Schöpfer aller Staatlichkeit gewesen, schrieb Nietzsche. „Mit solchen Wesen rechnet man nicht, sie kommen wie das Schicksal, ohne Grund, Vernunft, Rücksicht, Vorwand, sind sie da, wie der Blitz da ist, zu furchtbar, zu plötzlich, zu überzeugend, zu ,anders', um selbst auch nur gehaßt zu werden. Ihr Werk ist ein instinktives Formen-Schaffen, Formen-Aufdrücken, es sind die unfreiwilligsten, unbewußtesten Künstler, die es gibt – in Kürze steht etwas Neues da, wo sie erscheinen, ein Herrschafts-Gebilde, das lebt, in dem Teile und Funktionen abgegrenzt und bezüglich gemacht sind, in dem nichts überhaupt Platz findet, dem nicht erst ein ,Sinn' in Hinsicht auf das Ganze eingelegt ist. Sie wissen nicht, was Schuld, was Verantwortlichkeit, was Rücksicht ist, diese geborenen Organisatoren; in ihnen waltet jener furchtbare Künst-

---

[79] *Burckhardt*, Weltgeschichtliche Betrachtungen, S. 45.

ler-Egoismus, der wie Erz blickt und sich im ‚Werke', wie die Mutter in ihrem Kinde, in alle Ewigkeit im voraus gerechtfertigt weiß."[80] Allen Ordnungen geht der Wille zur Macht voraus, ganz gleich, wie sie beschaffen sind.

In seinen weltgeschichtlichen Betrachtungen spricht auch Burckhardt über den Staat. Manche, so Burckhardt, glaubten, Recht und Vertrag seien der Ursprung des Staates, die Gesellschaft sein Schöpfer. Wie aber könne der Streit um die Grundlagen der Ordnung überhaupt entschieden werden, wenn niemand imstande wäre, ihn zu beenden? Der Staat, so Burckhardt ist das Prius, nicht das Recht und nicht die Gesellschaft. In Wahrheit hätten die Philosophen des Vertrages, vor allem Rousseau, gar nicht zeigen wollen, was der Ursprung des Staates gewesen sei, sondern wie er beschaffen sein müßte, um ihren eigenen Vorlieben zu genügen. Was hat der kriegerische Herr schon mit Verträgen zu schaffen? Er braucht sie doch nur, um zu begründen, warum ihm gehört, was er sich genommen hat.[81] Man solle sich vom Selbstbild des modernen Staates nicht täuschen lassen, schreibt auch der Politikwissenschaftler James Scott, und wiederholte damit nur, was vor ihm Nietzsche und Burckhardt schon wußten. In Wahrheit seien nicht Vertrag und Übereinkunft, sondern Zwang und Gewalt die Ursprünge des Staates. Die Vorstellung, der Staat sei ein Menschenwerk, das auf Vereinbarungen beruhe, sei ein Mythos, der sich gegen alle Evidenz nur habe durchsetzen können, weil die blutige Unterwerfung in eine Geschichte der Befriedung, der Zivilisierung und des Fortschritts umgedeutet worden sei. Für die meisten Menschen sei der Staat in fernen Zeiten keine Konstante, sondern eine Variable gewesen, ein Instrument der Unterdrückung und Repression, eine Anstalt zur Sammlung, Konzentration und Kontrolle von Menschen, die, wenn sie keinem Staat unterworfen gewesen wären, zweifellos ein

---

[80] *Friedrich Nietzsche*, Zur Genealogie der Moral. Eine Streitschrift, in: Friedrich Nietzsche, Werke in sechs Bänden, Bd. 4, 5. Aufl., München 1980, S. 827.

[81] *Burckhardt*, Weltgeschichtliche Betrachtungen, S. 36–39.

besseres Leben hätten finden können. Weil aber niemand freiwillig verrichtet, was ihm selbst keinerlei Nutzen bringt, kam es darauf an, die Bewegungsfreiheit der Untertanen zu beschneiden. Alle frühen Staaten waren Verbindungen von Kriegern, die von befestigten Orten aus ihre Umgebung unterwarfen, Kriege führten, um Sklaven zu erbeuten und Tribute zu erheben, zu dem einzigen Zweck, den Reichtum und die Macht der Gefolgschaftselite zu mehren und den Freiheitsspielraum der Unterworfenen zu beschränken.[82]

Am Ende war es wohl nicht nur das Versprechen, Ordnung und Sicherheit zu schaffen, das Menschen mit dem Staat und seinen maßlosen Ansprüchen versöhnte. Auch die Sklaverei mag Grund genug gewesen sein, sich mit den Verhältnissen abzufinden. Die Krieger schafften Menschen herbei, die Arbeiten verrichteten, die man den eigenen Untertanen nicht zumuten wollte. Zwar war der Aufwand groß, der betrieben werden mußte, um Menschen zu sammeln, zu konzentrieren und auszubeuten. Aber dieser Aufwand wurde durch die Vorteile kompensiert, die sich für die Herrschaft aus der Sklaverei ergaben. Denn Sklaven ließen sich leichter beherrschen als Leibeigene, weil sie von weit herkamen, weil sie sozial und kulturell isoliert waren und sich deshalb mit seßhaften Bauern und Stadtbürgern nicht verbinden konnten. Und so wuchs der Freiheitsspielraum der Untertanen mit der Zahl der Sklaven, die auf den Feldzügen der Herren erbeutet wurden, weil nur noch die Fremden, aber nicht sie selbst in den Bergwerken und auf den Galeeren schuften mußten. Auch konnten die Machthaber den Aufwand reduzieren, um Gehorsam zu erzwingen, denn nun hatte jedermann ein Interesse daran, Sklaven an der Flucht zu hindern und Renitenz zu bestrafen. Wer auf einen Unfreien herabsehen kann, mag sich selbst einreden, privilegiert zu sein.[83]

---

[82] *James Scott*, Die Mühlen der Zivilisation. Eine Tiefengeschichte der frühesten Staaten, 2. Aufl., Berlin 2019, S. 31.
[83] *Scott*, Die Mühlen der Zivilisation, S. 160–166.

Wo Herrschaft ohne Sklaven auskam, sanken Bauern auf den Status von Leibeigenen herab, und wo solche Herrschaft, wie in Rußland, über eine lange Dauer gegen den Willen der Untertanen aufrechterhalten wurde, so schrieb Alexander Herzen, sei der Staat geblieben, wozu er einst ins Leben gerufen worden war: eine Apparatur zur Erpressung und Unterdrückung von Bauern, deren Geist sich in allen sozialen Alltagsbeziehungen ablagerte.[84] Denn es gab für den Staat, so gewalttätig er auch immer in Erscheinung treten mochte, stets die Gefahr, daß die Untertanen in Scharen flohen, weil sie keine Leibeigenen mehr sein wollten. Als Hegel die Gewißheit formulierte, daß der Staat das „an und für sich Vernünftige" sei, in dem „die Freiheit zu ihrem höchsten Recht" komme, mag er wohl die bürgerliche Gesellschaft, nicht aber das russische Leben vor Augen gehabt haben.[85] Vom Vertrag hatte hier noch nie jemand etwas gehört, denn Zar und Adel waren zwar übereingekommen, ein Band zu schließen, dessen Enden durch die Knechtschaft der Bauern zusammengehalten wurden, aber wer hätte schon sagen können, daß die Bauern ihrer Unfreiheit zugestimmt hätten?

Der zarische Staat war schwach, aber maßlos. Auf Sklaven konnte er nicht zurückgreifen, um sich militärisch und ökonomisch als europäische Großmacht in Szene zu setzen. Deshalb zwang er den Adel in den Dienst und die Bauern in die Leibeigenschaft, und machte sie zu Fremden im eigenen Land. Alexander Herzen hielt die Autokratie für eine Kolonialmacht, die dem russischen das deutsche Leben habe aufzwingen wollen. Für sie seien die Bauern nur Manövriermasse, seelenloses Menschenmaterial gewesen, ein weißes Blatt Papier, weiter nichts. Aber weil niemand recht gewußt habe, wie man es beschreiben solle, habe man es mit Leibeigenschaftsdekreten bedruckt und die Bauern für alle Zeiten geknechtet, anstatt sie zu zivilisieren. Vom Geist

---

[84] *Aleksandr Gercen*, Polnoe Sobranie Sočinenij, Bd. 14, Moskva 1958, S. 153.
[85] *Georg Wilhelm Friedrich Hegel*, Grundlinien der Philosophie des Rechts. Hauptwerke in sechs Bänden, Bd. 5, Hamburg 1999, S. 208.

## 3. Der sterbliche Gott

der europäischen Aufklärung sei im russischen Dorf nichts zu sehen gewesen.⁸⁶ Welche Erzählung vom Leben hätten die Bauern schon für plausibel halten können? Hätten sie sich den Staat als Motor des Fortschritts, als Ausdruck geheiligter Traditionen, als Werk von Verträgen vorstellen können? Wohl kaum.

Die „russische" Freiheit (wolja) war nur vorstellbar als eine Lebensform, die ohne den Staat und seine Rechtsordnung auskam, als Vermögen, das Recht zu widerlegen. Die Persönlichkeit war nichts weiter als die Antithese des Staates, des kältesten aller kalten Ungeheuer, wie Nietzsche sagt. „Wo es noch Volk gibt, da versteht es den Staat nicht und haßt ihn als bösen Blick und Sünde an Sitten und Rechten."⁸⁷ Es ist wohl kein Zufall, daß der Anarchismus zuerst in Rußland ein Zuhause fand, daß Nietzsches Diktum nirgendwo tiefere Wirkungen entfaltete als im Milieu der russischen Intelligenzija. Wo der Staat beginnt, hört die individuelle Freiheit auf, sagt Michail Bakunin. Erst aus „russischer" Perspektive scheint plausibel, was der geistige Vater des Anarchismus über den Staat gesagt hat: daß er überhaupt keine Apparatur zum Schutz von Rechten, kein Menschenwerk sei, das auf Vertrag und Übereinkunft beruhe, sondern ein Instrument von Eroberern und Räubern, die Territorien unterwerfen, Menschen festsetzen, sie ausbeuten und sich ihrer Ressourcen bedienen. Hier, in der wüsten russischen Menschenebene, auf der sich alles auflöst, zerstreut und verliert, zur Despotie verkommt, ist der Staat stets nur der Hort des Bösen, weil er die Schwachen erniedrigt und die Mächtigen korrumpiert, weil jeder Versuch scheitert, das Leben in feste Formen zu gießen und weil er Herren und Diener gleichermaßen daran hindert, ihre moralische Potenz zu entfalten. Nietzsches blonde Bestie, die den Schwachen unterdrückt, weil sie kann, was sie will – hier erscheint sie als eine Kraft, die nicht

---

86 *Aleksandr Gercen*, Polnoe Sobranie Sočinenij, Bd. 14, Moskva 1958, S. 153. Zitiert nach: *Nikolaj Plotnikov*, Staat und Individuum. Antagonismen der russischen Ideengeschichte, in: Osteuropa 59 (2009), Nr. 4, S. 3–16, hier S. 9.
87 *Friedrich Nietzsche*, Also sprach Zarathustra. Ein Buch für alle und keinen, in: ders., Werke, Bd. 3, München 1980, S. 313.

nur den Sklaven, sondern am Ende auch den Herrn verdirbt und moralisch zersetzt.[88]

Alle Herrschaftsordnungen sind räumlich begrenzt, und damit sie sich verfestigen können, müssen die Unterworfenen am Ort bleiben. Wer nicht weglaufen kann, hat keine Wahl. In frühen Zeiten sorgten Drohung und Gewalt, gegenseitige Haftung und der Austausch von Geiseln dafür, daß die Diener den Ort nicht verließen, an den die Herren sie gestellt hatten. Die russische Leibeigenschaft beruhte überhaupt auf dem Prinzip der kollektiven Haftung. Um staatlichen Sanktionen zu entgehen, trieb die Gemeinde nicht nur alle Abgaben ein, die Bauern straften und überwachten einander auch selbst.[89] Aber auch in der jüngeren Vergangenheit brauchte die Herrschaft Bindungskräfte, um sich auf Dauer in den Köpfen und Seelen der Bürger festzusetzen. Sie hat der moderne Anstaltsstaat, der in allen Bereichen des öffentlichen Lebens das letzte Wort hat, auf beängstigende Weise potenziert. Im 19. Jahrhundert beggnete der Bürger dem Verordnungsstaat allenfalls in besonderen Angelegenheiten: wenn Straftaten verfolgt und gesühnt, Steuern und Rekruten aufgebracht werden mußten. Nach dem Ende des Ersten Weltkrieges aber verwandelte sich der Staat in ein Instrument der Massenmobilisierung, der Wirtschaftslenkung, sozialer Wohlfahrt und Kontrolle. Nun war er überall.[90] Zwar wird der soziale Körper beweglicher, wenn wenige im Namen vieler entscheiden und sie sich nur noch an sachlichen Zwecken und nicht mehr an den Meinungen der Vielen orientieren. Aber die moderne bürokrati-

---

[88] *Michail Bakunin*, Staatlichkeit und Anarchie und andere Schriften, Frankfurt am Main 1972 (erstmals Zürich 1873), S. 439–440, 564–565; *Nietzsche*, Zur Genealogie der Moral, S. 785–786.

[89] *Steven L. Hoch*, Serfdom and Social Control. Petrovskoe, a village in Tambov, Chicago 1986, S. 133–186; *Boris Mironov*, Social'naja istorija Rossii, Bd. 1, St. Peterburg 1999, S. 370–377; *David Moon*, The Russian Peasantry 1600–1930. The World the Peasants Made, London 1999, S. 199–211.

[90] *Jan-Werner Müller*, Das demokratische Zeitalter. Eine politische Ideengeschichte Europas im 20. Jahrhundert, Berlin 2013, S. 17–40.

## 3. Der sterbliche Gott

sche Arbeitsteilung kettet Menschen auch aneinander, die nicht überleben könnten, wenn der soziale Verband auseinanderfiele.[91] Erst in der Wirklichkeit des bürokratischen Anstaltsstaats konnte überhaupt der Gedanke entstehen, daß der Staat eine Vorrichtung sei, die Rechte schützt und den Wohlstand mehrt. Verträge aber können gekündigt werden. Und so streut die Idee, der Staat sei eine Apparatur zur Wahrung von Rechten, auch den Samen der Kritik über den Menschen aus. Denn was man nicht selbst gewollt haben kann, hat kein Recht auf Existenz.

---

[91] *Georg Simmel*, Der Selbsterhaltung der sozialen Gruppe, S. 336–338, 364; *Wolfgang Seibel*, Verwaltung verstehen. Eine theoriegeschichtliche Einführung, 3. Aufl., Berlin 2017, S. 132–134.

## 4. Kritik und Krise

Die Kinder hatten ihre Mutter, die Kirche, verlassen, und nun suchten sie ein neues Haus, und sie fanden es im Staat. Nicht Heiligtümer wollten sie profanieren, sondern die Ordnung vor dem Bürgerkrieg der Konfessionen bewahren. Thomas Hobbes vergötterte den Staat aus Verzweiflung, weil er sah, daß Gläubige, Rechthaber und Sektierer den Bürgerkrieg nicht beenden konnten.[92] Für die Übertragung des Heiligen auf den Leviathan, den sterblichen Gott, aber mußte ein Preis entrichtet werden. Seit die Menschen Gott erst heimatlos gemacht und dann getötet hatten, verstand sich nichts mehr von selbst, jede Entscheidung war nun möglich. Jede Ordnung konnte gerechtfertigt oder in Frage gestellt werden. Von der Zukunft glaubte man jetzt, daß sie neu sein müsse.

„Die moderne Welt beginnt dort", so Odo Marquard, „wo der Mensch methodisch aus seinen Traditionen heraustritt."[93] Die Zukunft macht sich unabhängig von der Herkunft. Solche Emanzipation erzeugt bittere Konsequenzen. Herrschaft läßt sich nicht mehr allein durch die Beharrungskraft dessen, was einfach da ist, legitimieren. Nunmehr wird Legitimität durch Argumente, Zustimmung, Beifall und Akklamation erzeugt, Macht durch das Vermögen definiert, die Tatsachen zu widerlegen. „Mögen wir die griechischen Götterbilder noch so vortrefflich finden und Gottvater, Christus, Maria noch so würdig und vollendet dargestellt sehen", schrieb Hegel „es hilft nichts, unser Knie beugen wir

---

[92] *Carl Schmitt*, Es captivitate salus. Erfahrungen der Zeit 1945/47, 4. Aufl., Berlin 2015, S. 72–73.
[93] *Odo Marquard*, Zukunft braucht Herkunft. Philosophische Betrachtungen über Modernität und Menschlichkeit, in: ders., Philosophie des Stattdessen, Stuttgart 2000, S. 66–78, hier S. 66–67.

## 4. Kritik und Krise

doch nicht mehr."[94] Gott wolle keine leeren Köpfe zu seinen Kindern. Er wolle vielmehr, daß man ihn erkenne als das, was er wirklich sei, und so verwandelt sich auch Gott in ein Geschöpf der Vernunft.[95]

Neben den Gehorsam trat die Freiheit des Gewissens. Die Gewissensfreiheit aber schuf einen Raum, den die Herrscher weder übersehen noch betreten konnten. Manche Denker sahen darin ein Verhängnis, weil die Gewissens- und Glaubensfreiheit den Keim der Zersetzung gesät und den Leviathan zum Gegenstand der Kritik erhoben habe. Der Staat der Moderne sei ein Menschenwerk, wie Carl Schmitt es treffend formulierte, ein Legalitätssystem, das sich auf die „legitimen Fundamente göttlichen Rechts" nicht mehr berufen könne, und sich deshalb den Anstrich eines weltlichen Gottes gegeben habe. Alle prägnanten Begriffe der modernen Staatslehre seien deshalb „säkularisierte theologische Begriffe".[96] Als neutrale Gesetzesmaschine, der es nur noch auf Gehorsam ankomme, aber nicht mehr darauf, was die Untertanen glauben oder meinen, verliere der Staat die Macht über die Gedanken. Hobbes hatte gesagt, daß es den Souverän, den „sterblichen Gott, dem wir unter dem unsterblichen Gott unseren Frieden und Schutz verdanken", nichts angehe, was die Untertanen denken, glauben oder fühlen. An ihrem Privatleben hatte sein Souverän kein Interesse. Er sollte sich stattdessen nur noch auf das Monopol legitimer Gewaltausübung beschränken. Diese Selbstbeschränkung aber hat Konsequenzen, weil der Staat den Bürgern einen Binnenraum zugesteht, zu dem er sich keinen

---

94 *Georg Friedrich Wilhelm Hegel*, Vorlesungen über die Ästhetik. Werke in 20 Bänden, Bd. 13, Frankfurt am Main 1970, S. 142.

95 *Georg Friedrich Wilhelm Hegel*, Die Vernunftansicht der Weltgeschichte, in: ders., Recht, Staat, Geschichte. Eine Auswahl aus seinen Werken, 7. Aufl., Stuttgart 1970, S. 373–374.

96 *Carl Schmitt*, Politische Theologie. Vier Kapitel zur Lehre von der Souveränität, 10. Aufl., Berlin 2015 (erstmals 1922), S. 43; *ders.*, Der Leviathan in der Staatslehre des Thomas Hobbes. Sinn und Fehlschlag eines politischen Symbols, 5. Aufl., Stuttgart 2015 (erstmals Hamburg 1938), S. 62, 80.

Zutritt verschaffen soll. Dort ist der Mensch frei, und nur dort ist er überhaupt Mensch.[97]

Die radikale Aufklärung sei die Emanzipation des Geistes von den Institutionen, schrieb Arnold Gehlen. Sie habe die Treuepflicht zu allen außerrationalen Werten aufgehoben, den Grund menschlicher Bindungen durch ihre Kritik aller Lebensverhältnisse überhaupt erst zu Bewußtsein und auf diese Weise den Angriff als Bewegungsmodus der Moderne ins Spiel gebracht. Konstruktiv sei sie nicht gewesen, weil sie sich auf nichts anderes als auf eine bindungslose Vernunft berufen konnte.[98] Mit Peter Sloterdijk könnte man auch sagen, daß der Freie zwar seinen Herrn abgeschüttelt hat, aber ohne Erklärung auf offener Straße stehen gelassen worden ist. Die Zukunft ist nun ein offenes Feld, auf dem die Ungewißheit zu Hause ist.[99]

Der Tod Gottes erhob den Menschen zum Maßstab seiner selbst. Das Denkbare wurde nun zum Machbaren, alles kritisierbar und veränderbar. Alles wird nun befragt und gedeutet, nichts mehr unmittelbar empfunden, so wie die Gegenstände der Natur, die uns umgeben. Der moderne Mensch kann sich in keinen Zustand unmittelbarer, sinnlicher Gewißheit mehr versetzen. Alles an ihm ist Kritik und Deutung, Beweis und Beleg. Das naive Vertrauen darauf, daß die Dinge so sind, wie sie sich zeigen, weil Gott die Welt vortrefflich eingerichtet hat, ging für immer verloren.[100] Die aufgeklärte Vernunft produziert einen Raum neutraler

---

[97] *Schmitt*, Der Leviathan, S. 69, 134; *Heinrich Meier*, Die Lehre Carl Schmitts. Vier Kapitel zur Unterscheidung Politischer Theologie und Politischer Philosophie, Stuttgart 1994, S. 164–165; *Reinhart Koselleck*, Kritik und Krise. Eine Studie zur Pathogenese der bürgerlichen Welt, Frankfurt am Main 1973, S. 30; *Bredekamp*, Der Behemoth, S. 54–55; *Isaiah Berlin*, Zwei Freiheitsbegriffe, in: ders., Freiheit. Vier Versuche, Frankfurt am Main 2006 (erstmals Oxford 1969), S. 197–256.

[98] *Arnold Gehlen*, Moral und Hypermoral. Eine pluralistische Ethik, 6. Aufl., Frankfurt am Main 2004, S. 98.

[99] *Peter Sloterdijk*, Die schrecklichen Kinder der Neuzeit. Über das Antigenealogische Experiment der Moderne, Berlin 2014, S. 81.

[100] *Charles Taylor*, Ein säkulares Zeitalter, Frankfurt am Main 2009, S. 30.

## 4. Kritik und Krise

Staatstechnik, einen großen Betrieb, der Schutz gewährt und Gehorsam erzeugt, aber die Gedanken nicht mehr steuern will, es auch nicht mehr kann. Seither steht auch die Moral jenseits der politischen Wirklichkeit, niemand versteht mehr den Unterschied zwischen Mensch und Untertan, und so zerstört die Trennung von Moral und Politik den Absolutismus. Die Gesetzmäßigkeit, nicht der Inhalt der Gesetze wird zur Ultima Ratio. Der Staat ist jetzt nur noch ein Gesetzesmechanismus, und wer noch glaubt, die Führung der Staatsgeschäfte in die Hand zu bekommen, wird bald eines Besseren belehrt, weil er in Wahrheit nur eine kalte Rechtsmaschine erhält, die er zu bedienen hat. In diesem Staat sollen keine Personen herrschen, sondern Normen gelten.[101]

Es ist die gottähnliche Natur des Leviathans, die keinen Widerspruch duldet. Er allein darf belohnen und bestrafen. Aber der Leviathan will den sakralen Schein der Macht erhalten, er will, daß man sich ihm unterwirft, so wie man sich in früheren Zeiten dem Willen Gottes unterworfen hätte. Das aber kann er nicht erzwingen, weil er ein Werk des Menschen ist. Ein Gott, der von Menschenhand gemacht ist, ist sterblich. Der Mensch weiß darum, und deshalb muß er an dem Versuch zerbrechen, die Religion zu einem Teil der Politik zu machen.[102] „Eine öffentliche Macht und Gewalt mag noch so restlos und nachdrücklich anerkannt und noch so loyal respektiert werden", wendet Schmitt gegen Hobbes ein, „als eine nur öffentliche und äußerliche Macht ist sie hohl und von innen her bereits entseelt. Ein solcher irdischer Gott hat nur noch den Schein und die *simulacra* der Göttlichkeit auf seiner Seite. Nichts Göttliches läßt sich äußerlich erzwingen."[103]

---

[101] *Schmitt*, Der Leviathan, S. 63–64; *Meier*, Die Lehre Carl Schmitts, S. 165; *Otto Kirchheimer*, Zur Staatslehre des Sozialismus und Bolschewismus, in: Zeitschrift für Politik 17 (1928), S. 593–611, hier S. 597–598; *Carl Schmitt*, Legalität und Legitimität, 8. Aufl., Berlin 2012, S. 8; *Koselleck*, Kritik und Krise, S. 8, 25, 31.
[102] *Irene Coltman*, Private Men and Public Causes. Philosophy and Politics in the English Civil War, London 1962, S. 12; *Meier*, Die Lehre Carl Schmitts, S. 169.
[103] *Schmitt*, Der Leviathan, S. 94.

So verstanden, war Hobbes überhaupt kein Anwalt des totalen Staates, sondern einer der Begründer des modernen Liberalismus. Denn wenn die Gehorsamspflicht gegenüber dem Staat nur noch an das rationale Interesse der Untertanen gebunden ist, nämlich an das Recht, sein eigenes Leben zu erhalten, kann sie auch jederzeit aufgekündigt werden. Die staatliche Macht, die Hobbes stärken wollte, wird seitdem durch Kritik und Dissens unterhöhlt. Der Leviathan ist zwar ein sterblicher Gott, aber er ist kein totaler Staat, er ist vielmehr der Grund, auf dem der Liberalismus und die individuelle Freiheit gediehen. Seither wissen die Menschen, daß sie die Schöpfer ihrer Freiheit sind, aber sie wissen auch, daß das Leben ein Provisorium ist, weil nichts mehr gewiß, nichts mehr für die Ewigkeit gemacht ist.[104]

Kein Gesetzesstaat konnte sich seither noch auf das Werk Gottes, auf Evidenz oder nicht begründungsbedürftige Traditionen berufen. Erst aus der Neutralität des Leviathans konnte die Gewissensfreiheit des Bürgers erwachsen und als Anspruch gegen jede Bevormundung verteidigt werden. Nun muß Herrschaft, gleich welcher Art, begründet werden, und auf gleiche Weise konnte die Legitimität jeder Herrschaft auch in Frage gestellt werden. Welchen Grund konnte es im 19. Jahrhundert für gebildete Menschen noch geben, der Versicherung der russischen Autokratie zu glauben, sie sei eine von Gott gewollte Ordnung, deren Berechtigung, für immer zu herrschen, nicht gerechtfertigt werden müsse, weil sich ihr Unterwerfungsanspruch von selbst verstehe? Der Zar setzte sich die Krone selbst aufs Haupt, befand allein darüber, wer ihm unter die Augen treten durfte, und wer

---

[104] *Hobbes*, Leviathan, S. 168–172; *Jacob Burckhardt*, Historische Fragmente, Stuttgart 1942, S. 195; *Schmitt*, Der Leviathan, S. 118, 126–127; *Leo Strauss*, The Political Philosophy of Hobbes, Oxford 1936, S. 188; *Otfried Höffe*, Thomas Hobbes, München 2010, S. 154; *Oliver Hidalgo*, Der Leviathan zwischen „demokratischer" Zähmung und „totaler" Entgrenzung. Schmitt, Hobbes und der Ausnahmezustand als staatstheoretische Herausforderung, in: Rüdiger Voigt (Hrsg.), Ausnahmezustand. Carl Schmitts Lehre von der kommissarischen Diktatur, Baden-Baden 2013, S. 58–82, hier S. 71.

## 4. Kritik und Krise

nicht.[105] Als aber Alexander II. 1861 die Bauern vom Los der Leibeigenschaft befreite, 1864 die Judikative von der Exekutive und Legislative trennte und die Geschicke des Staates in die Hände der Bürokratie legte, konnte er sich nicht länger auf das Immer-Schon-So-Gewesene, auf das Gottesgnadentum und sein Recht auf immerwährende Herrschaft berufen. Auch die Autokratie inszenierte sich nun im Verweis auf die Liebe zum Volk, auf Recht, Gesetz und höhere Moral. Sie aber konnte man mit guten Gründen auch in Frage stellen.[106] Liberale und Konservative stritten nun über die Frage, in welchen Grenzen die Selbstherrschaft noch als zumutbar empfunden werden könne. Seither wurde der Leviathan auch in Rußland von innen zersetzt, in rechtliche Fesseln gelegt und seiner Entscheidungsfähigkeit beraubt. Er fiel seinem eigenen Ordnungswerk zum Opfer, das nicht nur Gehorsam, sondern auch Kritik und Dissens produzierte. Die Revolution ist nur die radikalste Konsequenz jenes Freiheitsdenkens, das aus der Ungewißheit kommt.

---

[105] *Andrew Verner*, The Crisis of Autocracy. Nicholas II. and the 1905 Revolution, Princeton/N.J. 1990, S. 70–103.
[106] *Wortman*, Scenarios of Power, Bd. 2, S. 145–157; *Jörg Baberowski*, Autokratie und Justiz. Zum Verhältnis von Rechtsstaatlichkeit und Rückständigkeit im ausgehenden Zarenreich, 1864–1914, Frankfurt am Main 1994.

## 5. Der Mythos der Revolution

Niemand rechnete im Februar 1917 damit, daß in wenigen Tagen zerfallen würde, was in 300 Jahren errichtet worden war. Zwar war die Autokratie diskreditiert, weil sie den technischen, militärischen und sozialen Anforderungen des Krieges nicht gerecht wurde, weil Nikolai II. ein Herrscher war, der sich von den Launen der Hofgesellschaft leiten ließ, entscheidungsschwach und ein Repräsentant der russischen Niederlagen und Katastrophen war. Im August 1915 hatte der glücklose Zar zum Verdruß seiner Minister auch noch den Oberbefehl über die Armee übernommen und war seither für alle Niederlagen verantwortlich, die sie noch zu erleiden hatte.[107] Und dennoch hielten es nicht einmal die größten Pessimisten für möglich, daß die Autokratie sang- und klanglos aus der russischen Wirklichkeit verschwinden würde.

Manchmal aber werden die Mächtigen bequem, weil ihre Augen und Ohren durch Gewohnheit und Trägheit empfindungslos geworden sind. Im alltäglichen Strom des Geschehens verrichtet jeder, was ihm aufgetragen ist, jeder denkt, daß die Verhältnisse für die Ewigkeit gemacht sind, so stabil erscheinen sie den Wohlgeborenen, denen sich immer schon alle untergeordnet hatten. Der Gedanke, daß auch ihr Herrschaftsanspruch in Frage gestellt werden könnte, erscheint ihnen völlig abwegig, auch deshalb, weil die Furien der Gewalt in Vergessenheit geraten sind.[108] Offenbar

---

[107] *Boris Kolonickij*, „Tragičeskaja erotika". Obrazy imperatorskoj sem'i v gody pervoj mirovoj vojny, Moskva 2010; *Tjaželie dni*. Sekretnyja zasedanija Soveta Ministrov (16 ijulja–2 sentjabrja 1915 goda), in: Archiv Russkoj Revoljucii 18 (1926), S. 5–136.

[108] Am Beispiel der späten Sowjetunion vgl. *Alexei Yurchak*, Everything was Forever, until it was no more. The Last Soviet Generation, Princeton/N.J. 2006, S. 1–35.

## 5. Der Mythos der Revolution

fügen sich alle freiwillig in das System der Selbstabrichtung ein. Warum sollten die Untertanen auf ein Leben in Sicherheit verzichten, warum etwas wagen, von dem sie nicht wissen, wohin es sie führt? Nur die Verzweifelten glauben, ihrem Leben noch eine Wendung zu geben, wenn sie etwas riskieren. Wozu also soll man sich Sorgen machen?

Aber dann geschieht plötzlich doch, womit niemand gerechnet hat: daß Wortmächtige Einspruch erheben, der Gehorsam verweigert und das Immer-Schon-So-Gewesene in Frage gestellt wird. Die Revolte ist wie das Wunder in der Theologie. So wenig wie Gott das Weltall durch immerwährende Gesetze regiert, so wenig wird das Leben von immerwährendem Recht strukturiert. Es kommt der Tag, an dem das Unvorhergesehene geschieht und den Lauf des Lebens unterbricht, ein Geschehen, das vom Recht überhaupt nicht erfaßt wird. Es unterbricht den rationalen Verweisungszusammenhang von Recht und Ordnung, auf den sich der Vernunftglaube beruft. Der Ausnahmefall ist ein Zustand, der uns überhaupt erst verstehen läßt, was in Frage steht und auf welchen materiellen und technischen Voraussetzungen Ordnungen und ihre Normen beruhen. Jetzt erst erkennen die Machthaber, daß ihre Herrschaft auf wankendem Grund steht und sich im Verweis auf Recht und Tradition überhaupt nicht mehr rechtfertigen läßt.[109]

Die Revolution ist das Ende und der Anfang, das „Pathos des Neubeginns". Sie ist die Widerlegung des Rechts und Ausdruck des Gedankens, daß die Idee die Welt beherrschen solle. Revolutionen sprengen das Koordinatensystem, in dessen Grenzen Menschen Wahres von Falschem, Gutes von Bösem unterscheiden konnten, sie unterbrechen die Kontinuität des alltäglichen Geschehens, unterwerfen die Verhältnisse dem Willen jener, die Altes zerstören und Neues in die Welt setzen.[110] Freiheit ist das Selbsteinkönnen des Menschen, schrieb Hegel über die Franzö-

---

[109] *Schmitt*, Politische Theologie, S. 21, 43.
[110] *Hannah Arendt*, Über die Revolution, München 2011 (erstmals London 1963), S. 41–42.

sische Revolution, ein Vermögen, Ordnungen zu schaffen, die solchem Können entsprechen. Die Revolution habe den Menschen dieses Selbstseinkönnen endlich zu Bewußtsein gebracht.[111] „Solange die Sonne am Firmamente steht und die Planeten um sie herumkreisen, war das nicht gesehen worden, daß der Mensch sich auf den Kopf, d. i. auf den Gedanken stellt und die Wirklichkeit nach diesem erbaut. Anaxagoras hatte zuerst gesagt, daß der *Nous* die Welt regiert; nun aber erst ist der Mensch dazu gekommen, zu erkennen, daß der Gedanke die geistige Welt regieren solle. Es war dieses somit ein herrlicher Sonnenaufgang. Alle denkenden Wesen haben diese Epoche mitgefeiert. Eine erhabene Rührung hat in jener Zeit geherrscht, ein Enthusiasmus des Geistes hat die Welt durchschauert, als sei es zur wirklichen Versöhnung des Göttlichen mit der Welt nun erst gekommen."[112]

Der Mythos der Revolution erwächst aus der Vorstellung, daß die gegenwärtige Generation nicht das Recht habe, die künftige ihren Gesetzen zu unterwerfen. Alles ist im Fluß, nichts gewiß. Was besteht, ist im Unrecht, was vorwärts geht, hat alles Recht auf seiner Seite.[113] So verschafft sich jeder Staatsstreich Grund und Legitimation. Im Zeitalter der Volkssouveränität legitimiert sich die Macht durch den Volkswillen. Man verweist auf die Unzufriedenheit der Massen, auf Empörung und moralische Entrüstung, darauf, was historisch an der Zeit war. Jede Revolution ist ein willkürlicher Akt, der sich über Recht, Gesetz und Tradition hinwegsetzt und neue Zwecke in die Welt bringt. Als diejenigen, die den Lauf der Zeit unterbrechen, müssen Revolutionäre aber dennoch glaubhaft machen können, daß der Bruch mit dem Recht und der Tradition auf guten Gründen beruhte. Wer Macht herausfordert, muß rechtfertigen, was er tut. Wer sie anderen nimmt, wer Macht bricht, braucht eine Legitimation, die den

---

[111] *Joachim Ritter*, Hegel und die Französische Revolution, Frankfurt am Main 1965, S. 25–31.
[112] *Georg Wilhelm Friedrich Hegel*, Vorlesung über die Philosophie der Geschichte. Werke in 20 Bänden, Bd. 12, Frankfurt am Main 1985, S. 529.
[113] *Sloterdijk*, Die schrecklichen Kinder der Neuzeit, S. 38–40.

## 5. Der Mythos der Revolution

Gewaltakt ins Recht setzt. Wer nun erklärte, Revolutionen geschähen, weil Revolutionäre können, was sie wollen, brächte sich um Glaubwürdigkeit und Legitimation. Man braucht eine Erzählung, einen Mythos, der das Geschehen als Rebellion geknechteter Kreaturen gegen die Willkür der Macht erweist. Die Revolte muß in ihrer Unausweichlichkeit präsentiert und legitimiert werden, damit auch die Revolutionäre ein Recht auf Herrschaft beanspruchen können.[114]

Rousseau hätte gesagt: Revolutionen sind gerechtfertigt, weil die absolutistische Regierung eines Einzelnen den Gesellschaftsvertrag bricht und deshalb keinerlei Legitimität beanspruchen kann. Er hätte die Vernunft, nicht den Mythos ins Spiel gebracht. Niemand könne wollen, daß einer ohne die Zustimmung aller regiere. „Ich behaupte deshalb", schreibt er, „daß die Souveränität, da sie nichts anderes ist als die Ausübung des Gemeinwillens, niemals veräußert werden kann und daß der Souverän, der nichts anderes ist als ein Gesamtwesen, nur durch sich selbst vertreten werden kann; die Macht kann wohl übertragen werden, nicht aber der Wille." Und er fährt fort: „Wenn daher das Volk einfach verspricht, zu gehorchen, löst es sich durch diesen Akt auf und verliert seine Eigenschaft als Volk; in dem Augenblick, in dem es einen Herrn gibt, gibt es keinen Souverän mehr, und von da an ist der politische Körper zerstört."[115]

Die Revolution ist eine Zerstörerin, ihr Mythos aber spricht von Schöpfung und Erlösung, von einem Heilsgeschehen, in dem sich der Anfang mit dem Ende kunstvoll und zwangsläufig verbindet. Erst in der Moderne kommt der Gedanke in die Welt, daß die Zerstörung scheinbar illegitimer Ordnungen ein ewiges Grundrecht sei, das allen Bürgern zustehe. Es leitet sich aus der Vorstellung ab, das Volk sei Herr seiner selbst und könne immer

---

[114] Einen nützlichen Überblick über Mythen, Modelle und Erklärungen der Revolution liefert *Jörn Leonhard*, Über Revolutionen, in: Journal of Modern European History 11 (2013), S. 170–185.
[115] *Rousseau*, Vom Gesellschaftsvertrag, oder Grundsätze des Staatsrechts, Stuttgart 1977, S. 27–28.

und überall herbeiführen, was es wolle. Die Revolutionäre fühlen sich im Recht, weil sie sich auf die Illegitimität jener Rechtsordnung berufen, die sie beseitigen wollen. Darauf verweist jede Revolution: daß sie ermächtigt ist, den Gesellschaftsvertrag aus Grundsätzen zu brechen, die allem staatlichen Recht vorangehen.[116]

Zwar folgt auch die Revolte Handlungsregeln, die sich aus Situationen und ihren Zwängen, aus dem Überlieferungszusammenhang ergeben, in dem die Handelnden stehen und den sie nicht zu ihrer freien Verfügung haben. Aber davon wollen die Revolutionäre nichts wissen. Sie präsentieren sich als außergewöhnliche Menschen, die nichts als Vollstrecker ihrer Gedanken und ihrer historischen Bestimmung sind, wenngleich sie spüren mögen, daß nicht die Geschichte, sondern die Gunst der Stunde ihnen die Macht verschaffte. Deshalb verteidigen sie den Mythos gegenüber der Wahrheit des Augenblicks.

Die siegreichen Revolutionäre wissen genau, daß sie sich ins Recht setzen müssen, sobald sie den ersten Schritt getan haben. Mit anderen Worten: Eine Revolution, die erfolgreich sein will, gibt sich als Verteidigung aus. Als Verteidigung der Menschenrechte, als Verteidigung der Freiheit und als Verteidigung des öffentlichen Raumes vor denjenigen, die an der Macht sind. Der revolutionäre Furor verwandelt sich in einen Verteidigungsdienst, und schon steht die Macht auf der Seite des Unrechts, wenngleich sie es doch ist, die sich der Belagerung zu erwehren hat. Je mehr der Angriff der Verteidigung gleicht, desto erfolgversprechender ist er. Die Oktoberrevolution sei ein Akt der Verteidigung gewesen, hat Trotzki Jahre später behauptet, ein solcher freilich, der sich auf die Gesetze der Geschichte habe berufen können.[117] Gelingt der Umsturz, dann ist die Versuchung groß, ihn auch nachträglich als Verteidigung von scheinbar ewigen Rechten, als

---

116 *Gunnar Hindrichs*, Philosophie der Revolution, Berlin 2017, S. 77.
117 *Trotzki*, Geschichte der russischen Revolution, S. 489. Zur Umdeutung des Angriffs vgl. *Reemtsma*, Machtergreifung als konkrete Utopie, S. 79–98, hier S. 87–90.

## 5. Der Mythos der Revolution

endgültige Überwindung des Sündenfalls zu rechtfertigen. Macht, die sich ins Recht setzen und im Recht sein will, muß nichts anderes tun als erfolgreich den Verteidigungsfall zu beschwören. Man erklärt den Angriff zur Verteidigung, die Verschwörung zur Volkserhebung, und schon scheint gerechtfertigt, was Revolutionäre, und verderblich, was die Repräsentanten der alten Ordnung tun.[118]

Manche spüren schon im Moment der Erhebung, was auch sprachlich von ihnen verlangt wird. Am 1. März 1917 – Nikolai II. hatte die Abdankungsurkunde noch nicht unterschrieben – rief ein Ingenieur der Eisenbahn im Verkehrsministerium der soeben eingesetzten Provisorischen Regierung in Petrograd an, um mitzuteilen, daß sich in Gatschina, südwestlich der Hauptstadt, „loyale" Truppen des Zaren befänden, auf die sich das Revolutionsregime in der Stunde der Not nicht verlassen könne. Juri Lomonosow, der im Auftrag der Usurpatoren im Verkehrsministerium über den Bahnverkehr wachte, erklärte dem ahnungslosen Ingenieur: „Gewöhnen Sie sich ein für allemal daran, daß das Aufrührer sind. Loyal sind die, die auf der Seite des Volkes stehen".[119] Die Revolution hatte gesiegt, als sie darüber bestimmen konnte, wer als Angreifer und wer als Verteidiger zu gelten hatte. Jetzt kam es nur noch darauf an, daß die Untertanen dieser Version auch Glauben schenkten.

Jeder Historiker weiß, daß der Februarrevolution in der Hauptstadt kaum mehr als 1.500 Menschen zum Opfer fielen, daß es auch im Oktober 1917 keinen Sturm auf den Winterpalast, keine Barrikaden, Feuerbrände und Straßenkämpfe gegeben hat.[120] Stattdessen vollzog sich der Umsturz geräuschlos, wie eine militärische Übung. Manche bemerkten überhaupt nicht, was am 25. Oktober auf den Straßen geschah, weil sie im Theater saßen oder im Restaurant zu Abend aßen. Der Maler und Kunstkritiker

---

[118] *Reemtsma*, Machtergreifung als konkrete Utopie, S. 79–98.
[119] *Lomonosov*, Vospominanija o martovskoj revoljucii, S. 42.
[120] *Laura Engelstein*, Russia in Flames. War, Revolution, Civil War 1914–1921, Oxford 2018, S. 103–130, 177–197.

Alexander Benois erinnerte sich, am Abend des Umsturzes seien seine Töchter ins Marinski-Theater gegangen, um sich Tschaikowskis „Eros", eine Ballettaufführung in der Inszenierung von Michail Fokin anzuschauen. Er, Benois, habe damals überhaupt keinen Anlaß gesehen, es ihnen zu verbieten. Erst um 22 Uhr am Abend waren Schüsse, dann auch Gerüchte zu hören, daß mit einem Aufstand zu rechnen sei.[121] Nur wenige Menschen schienen aber wirklich beunruhigt gewesen zu sein. Denn auf den Straßen gab es nichts zu sehen, was irgend jemanden aus dem Gleichgewicht hätte bringen können. Die Putschisten betraten den Winterpalast durch die Eingangstür und verhafteten die Minister, die dort zu einer Kabinettssitzung zusammengekommen waren.[122] Wahrlich kein Stoff, aus dem Heldenepen gemacht werden! „Die bürgerlichen Klassen hatten Barrikaden, Feuerbrände, Plünderungen, Blutströme erwartet", schrieb Trotzki über den Staatsstreich, dessen Regisseur er gewesen war. „In Wirklichkeit herrschte Stille, schrecklicher als alle Donner der Welt. Lautlos verschob sich der soziale Boden."[123] Aber wer könnte mit einer solchen Geschichte schon begründen, warum die Sieger und nicht die Verlierer an der Macht sein sollen? Der Mythos vom Volksaufstand setzt ins Recht, was nichts weiter als ein Werk weniger, entschlossener Revolutionäre gewesen war, die die Gunst der Stunde, die Schwäche und Kopflosigkeit der Herrscher und die Apathie der Massen genutzt hatten, um nach der Macht zu greifen.

Der revolutionäre Mythos erzählt, wovon die Revolutionäre gar nichts wissen konnten. Als sie die Entscheidung trafen, die Waffen in die Hand zu nehmen und der Revolte eine Form zu geben, standen sie noch auf offenem Feld, hatten noch Angst vor der drohenden Vergeltung und die Unentschlossenheit der Neutralen vor Augen. Anatoli Lunatscharski, der bolschewistische

---

121 *Benua*, Moi dnevnik, S. 198–199.
122 *Miljukov*, Istorija vtoroj russkoj revoljucii, S. 613–625.
123 *Leo Trotzki*, Geschichte der russischen Revolution, Frankfurt am Main 1960, S. 646.

## 5. Der Mythos der Revolution

Volkskommissar für Bildung, sei, so schrieb der Dichter Iwan Bunin, zwei Wochen lang mit „weit aufgerissenen Augen" herumgerannt, von Angst erfüllt, weil er nicht glauben konnte, daß die Gegenrevolution ihn und seinesgleichen nicht wieder von der Macht vertrieb.[124] Natürlich wußten die Bolschewiki nicht, wohin sie das Geschehen führen würde, in das sie sich hineingeworfen hatten. Niemand konnte sich im Oktober 1917 vorstellen, was 1921 zur Gewißheit geworden war. Deshalb spricht der Mythos von einem Anfang, den es nicht gibt, den die Sieger aber brauchen, um sich in einer dauerhaften Existenz zu wissen. Die Revolutionäre fügen ihn in eine Erzählung ein, die ihn vertraut erscheinen lassen. Denn der Mythos muß sich in der Welt bewähren, in die er hineingestellt ist.

Auch die Bolschewiki suchten nach einer würdigen Geschichte, die den Zeitgenossen und ihren Nachfahren eine Erklärung dafür präsentierte, warum die Revolution des Februars durch die Revolution des Oktobers abgelöst werden mußte. Die Empörung der Massen mußte sich sturmgleich vollziehen, an einem Ort, der als Zentrum der Macht und der Verkommenheit empfunden werden konnte. Wer im Winterpalast, der Heimstatt der Autokratie, residierte, hatte es nicht besser verdient, als von der Macht vertrieben zu werden. Sobald die Macht der bolschewistischen Revolutionäre gesichert war, unternahmen sie den Versuch, alles aus dem kollektiven Gedächtnis zu tilgen, was Zweifel an ihrer Version der Geschichte hätte aufkommen lassen. In der visuellen Repräsentation der Revolution in Bild und Film gab es nur noch eine Wahrheit, nur eine Revolution und nur einen Staat, der alles Recht auf seiner Seite hatte. Die Revolution als Werk der Massen und ihres Führers Lenin. So sollte die Welt den großen Umsturz in Erinnerung behalten: als Fortsetzung der Französischen Revolution, als weltumspannendes und monumentales Ereignis. John Reeds literarische Dokumentation und Eisensteins Film „Okto-

---

[124] *Iwan Bunin*, Verfluchte Tage. Ein Revolutions-Tagebuch, Frankfurt am Main 2008, S. 51.

ber" waren Zeugnisse dieses Versuchs, die Revolution in einen unwiderlegbaren Mythos zu verwandeln.[125]

In Wahrheit aber hatte sich im Februar 1917 nur eine Brotrevolte ereignet, die mit leichter Hand hätte beendet werden können, wenn die Machthaber nicht den Kopf verloren hätten. Und auch Lenins Staatsstreich war nichts weiter als ein Putsch, der eine Regierung hinwegschaffte, die Diktatur nicht sein konnte und nicht sein wollte. Alles hätte auch anders kommen können. Historiker wissen, daß die Erstürmung des Winterpalastes in Sankt Petersburg durch die Massen eine Erfindung der bolschewistischen Propaganda war, und auch die Zeitgenossen, die gesehen hatten, was auf den Straßen geschah, konnte man nicht hinters Licht führen. Mit der Zeit aber verblassen die Erinnerungen an das klägliche, unheroische Geschehen. Eben darauf kommt es den Revolutionären an. Denn eine Revolution, die sich unbemerkt vollzieht, ein Staatsstreich, der damit endet, daß die Sieger in den Palast laufen und die verschreckten Minister verhaften, kann sich als geschichtsmächtiges Ereignis nicht durchsetzen. Es erscheint den meisten Menschen vielmehr plausibel, daß Unzufriedenheit und Unfreiheit die Massen so sehr empören, daß sie sich gegen ihre Unterdrücker erheben und die Fesseln von sich werfen. Die Gewaltexzesse der Vergangenheit werden als das Notwendige und schlechthin Menschliche, als Ausdruck des Fortschritts und Dienst an der Humanität ausgegeben, und schon kann sich das Böse den Mantel der Geschichte und der Vernunft umhängen und darauf vertrauen, daß Blut und Tränen in Vergessenheit geraten.[126]

---

[125] *John Reed*, Ten Days that Shook the World, London 2007 (erstmals 1919); *Frederick C. Corney*, Telling October. Memory and the Making of the Bolshevik Revolution, Ithaca/N.Y. 2004, S. 1–11; *Katerina Clark*, Petersburg. Crucible of Cultural Revolution, Cambridge/Mass. 1996, S. 122–134; *Anna Bohn/Thomas Lindenberger*, Die Oktoberrevolution und ihre Bilder in den Köpfen, in: Jahrbuch für Historische Kommunismusforschung (2017), S. 148–168.

[126] *Sloterdijk*, Die schrecklichen Kinder der Neuzeit, S. 58–59, 119; *Francois Furet*, Das Ende der Illusion. Der Kommunismus im 20. Jahrhundert, 2. Aufl., München 1996, S. 89. Auch in Italien inszenierten die Faschi-

## 5. Der Mythos der Revolution

Irgendwann kommt dann der Moment, der den Blick auf das Geschehen ganz verstellt. Man verweist auf den neuen Staat und seine Traditionen, seine wohltuenden Gesetze und beflissenen Beamten. Der blutige Aufruhr, der zerstörerische Bürgerkrieg und der mörderische Terror, die den Wirren der Revolution folgten und dem neuen Staat zur Geburt verhalfen, sind nur noch als heroisches Geschehen präsent, aus dem die entstellten Gesichter der Toten und die Schreie der Verwundeten verbannt wurden. Mit der Zeit gelingt es den Siegern, die Revolution in ein Monument zu verwandeln und ihr Denkmäler zu setzen, ihr eine „epische Färbung" zu geben, wie Georges Sorel sagt. Die Revolution, die Joseph de Maistre noch als Werk des Satans verurteilt hatte, wird nun als Tat der Menschlichkeit und Gerechtigkeit vergöttlicht.[127] Solange keine alternativen Erzählungen zum Durchbruch kommen, die für plausibel gehalten werden können, setzt sich die Gewißheit durch, daß Revolutionen Gutes bewirken, weil sie vollstrecken, was Menschen wollen. Wer auf der Seite des Kommenden steht und auf dem Feld der Mythen fest verankert ist, kann nicht im Unrecht sein und auch nicht mehr widerlegt werden. Wer könnte sich schon von der Befreiung befreien! Und deshalb soll die Revolution auch die letzte gewesen sein.[128]

---

sten ihre Machtergreifung als heroischen und revolutionären Akt und verklärten ihre Herrschaft als Ausdruck einer umfassenden Erhebung des ganzen Volkes. Vgl. *Alexander Nützenadel*, Faschismus als Revolution? Politische Sprache und revolutionärer Stil im Italien Mussolinis, in: Christof Dipper/Lutz Klinkhammer/Alexander Nützenadel (Hrsg.), Europäische Sozialgeschichte. Festschrift für Wolfgang Schieder, Berlin 2000, S. 21–40.

[127] *Georges Sorel*, Über die Gewalt, Frankfurt am Main 1981 (erstmals 1906), S. 110.
[128] *Sorel*, Über die Gewalt, S. 43; *Sloterdijk*, Die schrecklichen Kinder der Neuzeit, S. 59.

## 6. Augenblicke

Die siegreiche Revolution braucht den Mythos vom heroischen Aufstand der unterdrückten Volksmassen, um sich selbst eine Legitimation zu verschaffen, die über den Tag hinaus Bestand haben kann. Natürlich wußten die Revolutionäre, daß im Moment der Entscheidung auch die Verteidiger hätten siegen können. Davon aber soll niemand etwas erfahren. Der Aufstand soll unausweichlich gewesen sein, als ein Geschehen der Zwangsläufigkeit empfunden werden, und so legen die Sieger einen Schleier über die vergangenen Ereignisse und ihre Umstände. Die Stimmen der Verlierer werden zum Verstummen gebracht, und bald schon weiß niemand mehr, daß es auch anders hätte kommen können.

Die Historie aber soll den Mythos nicht besingen, sondern den Schleier lüften, der über das Leben gelegt worden ist. In Wahrheit ist das Leben eine Abfolge von Augenblicken, eine Verkettung von Zufällen, die sich für die Interpreten des Geschehens erst im Nachhinein als zwangsläufiger Zusammenhang erweisen. Kein Moment ist durch den vorangegangenen festgelegt, und unter den mannigfaltigen Augenblicken, die nichts miteinander verbindet, bleibt am Ende nur das bestehen, was im Licht eines Resultats noch auffällt.[129] „Doch da durch nichts bewiesen ist, daß das Ziel der Menschheit in Freiheit, Gleichheit, Aufklärung oder Zivilisation besteht", schreibt der Dichter Lew Tolstoi, „und da die Beziehungen der Massen zu den Regierenden und Aufklärern der Menschheit nur auf der willkürlichen Unterstellung beruht, daß die Gesamtheit des Willens der Massen immer auf solche Personen übertragen wird, die uns auffallen, kommt die

---

[129] *José Ortega y Gasset*, Der Aufstand der Massen, Stuttgart 2002 (erstmals Madrid 1930), S. 79

## 6. Augenblicke

Tätigkeit der Millionen Menschen, die Häuser niederbrennen, die den Ackerbau aufgeben müssen, die einander vernichten, nicht in der Beschreibung der Tätigkeit von jenem Dutzend Menschen zum Ausdruck, die keine Häuser niederbrennen, die sich nicht mit Ackerbau befassen und die ihre Nächsten nicht umbringen."[130]

Der Glaube an das Vermögen des Menschen, den Gang des Geschehens zu durchschauen und ihn zu beherrschen, ist eine Illusion. Das gleichzeitige Denken, Fühlen und Handeln der Millionen folgt keinem erkennbaren Muster. Die Vielfalt innerer Erlebnisse läßt sich in keine kohärente Ordnung einfügen. Es sind allenfalls die Kleinigkeiten des Lebens, denen die Menschen, die sich vom gleichmäßigen Strom des täglichen Einerlei dahintreiben lassen, einen verstehbaren Sinn abgewinnen können, während die Konstruktionen der Historiker, der Staatenlenker und Revolutionäre gut begründete Fälschungen der Wirklichkeit sind, die uns nur darüber hinwegtäuschen sollen, wie sehr die Kriege, Palastrevolten und Revolutionen Kinder des Zufalls sind.[131] Die eigentliche Vergangenheit, sagt Nietzsche, ist ein nicht unter Begriffe gebrachtes Chaos. „Wir haben uns eine Welt zurechtgemacht, in der wir leben können – mit der Annahme von Körpern, Linien, Flächen, Ursachen und Wirkungen, Bewegung und Ruhe, Gestalt und Inhalt: ohne diese Glaubensartikel hielte es jetzt keiner aus zu leben! Aber damit sind sie noch nichts Bewiesenes. Das Leben ist kein Argument; unter den Bedingungen des Lebens könnte der Irrtum sein."[132] Aber wer will von solcher Sinnlosigkeit schon etwas wissen und in die Fragwürdigkeit der eigenen Existenz hineingetrieben werden? Jedem ist

---

[130] *Lew Tolstoj*, Krieg und Frieden, Bd. 4, Frankfurt am Main 1982, S. 446–447. Vgl. auch *Isaiah Berlin*, Der Igel und der Fuchs, in: ders., Russische Denker, Frankfurt am Main 1981, S. 51–123.

[131] *Berlin*, Der Igel und der Fuchs, S. 67–69.

[132] *Friedrich Nietzsche*, Die fröhliche Wissenschaft, in: ders., Werke in sechs Bänden, Bd. 3, München 1980, S. 124; *Bernard Williams*, Wahrheit und Wahrhaftigkeit, Frankfurt am Main 2003, S. 361–363.

der Mythos der Zwangsläufigkeit lieber als die Einsicht, daß Leben heißt, dem Zufall ins Auge zu schauen.

Lew Trotzki hat immerhin klarer als andere gesehen, was die Revolution war, woraus sie sich hervorbrachte und an welchem Faden sie hing. Die Verhältnisse mögen noch so verderblich gewesen sein, schrieb er, ohne die Entschlossenheit einer kleinen Gruppe von Verschwörern und ohne die Kopflosigkeit und Schwäche der Verteidiger hätte es keine Revolution gegeben. Hätte Alexander III. länger gelebt, so Trotzki in seiner Geschichte der russischen Revolution, wäre möglicherweise mißlungen, was im Nachhinein als große Tat besungen worden sei. Und man könnte hinzufügen: Hätten am Tag der Entscheidung nicht Fürst Golizyn, Chabalow und Protopopow, sondern, wie in den Jahren 1905 und 1906, Männer vom Format Sergei Wittes oder Pjotr Stolypins das Staatsschiff gelenkt, wer hätte es schon gewagt, sich auf eine Kraftprobe mit ihnen einzulassen? Kurz: Eine Verschwörung ohne Aufstand ist ebenso wenig eine Revolution wie ein Aufstand ohne Verschwörung. Die Techniker der Macht haben davon immer schon gewußt.[133]

Der Mythos vom Aufstand geknechteter und empörter Massen will uns glauben machen, daß Revolutionen geschähen, weil die bedrückenden Verhältnisse nicht mehr auszuhalten gewesen seien. Wir sollen uns den Aufstand als einen Akt moralischer Entrüstung vorstellen, als seien das Elend und die Ungerechtigkeit der Boden, aus dem stets die Revolten sprießen. Wäre es so, die Revolutionen dürften überhaupt kein Ende nehmen, so ungerecht geht es auf der Welt zu. Von Alexis de Tocqueville wissen wir, daß die Französische Revolution gar nicht ausbrach, weil die Verhältnisse unerträglich gewesen waren, sondern weil sie sich so sehr verbessert hatten, daß Kritik und Widerspruch nunmehr gefahrlos vorgetragen werden konnten. „Nur ein großes Genie vermag einen Fürsten zu retten, der es unternimmt, seinen Unter-

---

[133] *Leo Trotzki*, Geschichte der russischen Revolution. Erster Teil: Februarrevolution, 2. Aufl., Frankfurt am Main 1982, S. 90, 619; *Crane Brinton*, Anatomie der Revolution, Wien 2017 (erstmals 1965), S. 108.

## 6. Augenblicke

tanen nach langer Bedrückung Erleichterung zu gewähren. Das Übel, das man als unvermeidlich in Geduld ertrug, erscheint unerträglich, sobald man auf den Gedanken kommt, sich ihm zu entziehen. Alles, was man alsdann an Mißbräuchen beseitigt, scheint das noch Übrige nur um so deutlicher zu zeigen und läßt es schmerzlicher empfinden: Das Übel ist geringer geworden, aber die Empfindlichkeit ist lebhafter."[134] Deshalb hätten die Franzosen ihre Lage um so unerträglicher gefunden, je besser sie geworden sei. „Man gelangt nicht nur immer dann zur Revolution, wenn eine schlimme Lage zur schlimmsten wird. Sehr oft geschieht es, daß ein Volk, das die drückendsten Gesetze ohne Klage und gleichsam, als fühlte es sie nicht, ertragen hatte, diese gewaltsam beseitigt, sobald ihre Last sich vermindert. Die Regierung, die durch eine Revolution vernichtet wird, ist fast stets besser als die unmittelbar voraufgegangene, und die Erfahrung lehrt, daß der gefährlichste Augenblick für eine schlechte Regierung der ist, wo sie sich zu reformieren beginnt."[135]

Die innere Zersetzung der Staatsmacht sei eine Voraussetzung dafür, daß Revolutionen gelängen, glaubte auch Hannah Arendt, aber sie seien keine notwendige Konsequenz staatlichen Zerfalls. Schon immer hätten sich auch schwache Staaten über lange Zeit am Leben erhalten. „Denn Machtzerfall wird häufig nur manifest in direkter Konfrontation; und selbst dann, wenn die Macht schon auf der Straße liegt, bedarf es immer noch einer Gruppe von Menschen, die auf diese Eventualität vorbereitet und daher bereit ist, die Macht zu ergreifen und die Verantwortung zu übernehmen."[136] Nicht anders war es im Februar 1917, als die liberalen Eliten in der Hauptstadt mit der Revolution flirteten, Tradition und Monarchie Lebewohl sagten und nach wenigen Monaten erkennen mußten, daß sie alles verloren hatten und nichts gewinnen konnten als das nackte Leben, und daß ihren

---

[134] *Alexis de Tocqueville*, Der alte Staat und die Revolution, München 1978 (erstmals Paris 1856), S. 176.
[135] *Tocqueville*, Der alte Staat und die Revolution, S. 176.
[136] *Arendt*, Macht und Gewalt, S. 50.

Widersachern, den Bolschewiki, die Welt gehörte. Wer die Tore öffnet, die ins Ungewisse führen, kann Entscheidungen nicht mehr aufschieben. Die Gefahr kann nur gebannt werden, wenn man ihr gewachsen ist. Die liberalen Reformer aber glaubten, man könne sich des Alten entledigen, ohne Neues gegen Widerstreben durchsetzen zu müssen. Sie setzten aufs Spiel, was sie eigentlich nur bewahren wollten, weil sie im entscheidenden Augenblick nicht die Kraft aufbrachten, Entscheidungen zu treffen.

So war es auch in der Französischen Revolution des Jahres 1789, der europäischen Revolution von 1848, der Iranischen Revolution des Jahres 1979 und den Erhebungen des Jahres 1989 in Osteuropa, die sich überhaupt nur ereignen konnten, weil der Sicherheitsapparat seine Zähne bereits verloren hatte und die Repräsentanten der alten Ordnung zur Anwendung von Gewalt nicht mehr bereit und nicht mehr imstande waren.[137] Nicht Ludwig XIV., der Sonnenkönig, fand den Tod unter dem Fallbeil, sondern Ludwig XVI., nicht Nikolai I., der Despot, wurde vom Thron gestürzt und erschossen, sondern der schwache und glücklose Nikolai II., der doch schon nicht mehr als Selbstherrscher regierte, nicht Stalin, der millionenfachen Tod, Elend und Gewalt über die Sowjetunion gebracht hatte, verlor Amt, Würde und Imperium, sondern Gorbatschow, der Reformer und Friedensstifter. Es ist offenbar gar nicht von ausschlaggebender Bedeutung, was jemand will, sondern ob das, was jemand will, auch durchgesetzt werden kann. Nicht allein auf Begründungen und Motive kommt es also an, sondern auf den historischen Ort, den Augenblick, seine Menschen und Möglichkeiten, auf Kritik und Krise, Autorität und Macht, auf die Technik des Aufstandes und die

---

[137] *Roger Chartier*, Die kulturellen Ursprünge der Französischen Revolution, Frankfurt am Main 1995; *Francois Furet*, Die Französische Revolution, Frankfurt am Main 1968, S. 84–123; *Wolfgang J. Mommsen*, 1848. Die ungewollte Revolution. Die revolutionären Bewegungen in Europa 1830–1840, Frankfurt am Main 1998, S. 104–126; *Tim McDaniel*, Autocracy, Modernization, and Revolution in Russia and Iran, Princeton/N.J. 1991; *Martin Sabrow* (Hrsg.), 1989 und die Rolle der Gewalt, Göttingen 2012.

Folgen, die sich aus der Entscheidung ergeben, die Brücken hinter sich abzubrechen und auf das offene Feld zu laufen.

Der Traum von der grenzenlosen Freiheit beruht auf einer Illusion. Frei ist doch allenfalls, wer von der Gebundenheit menschlicher Existenz weiß und mit den Grenzen und Möglichkeiten des Lebens zurechtkommt. Zwar weiß auch der Revolutionär, daß er in eine Umwelt hineingestellt ist, zu der er sich verhalten muß. Nur glaubt er, es liege in seiner Hand, die Umstände nach Belieben zu formen. Alles ist kritikwürdig und zweifelhaft, und es scheint so, als sei die Erkenntnis der Fragwürdigkeit der eigentliche Grund, auf dem die Freiheit gedeiht. Daher kommt die Überzeugung, irgendwann einmal werde das Leben all seiner Fesseln beraubt sein und das Reich bedingungsloser Freiheit kommen.

Woher aber wissen wir eigentlich, daß wir frei geboren sind, und dennoch nicht sind, was wir sein könnten, wenn wir Rousseau beim Wort nähmen? Alexander Herzen faßte dieses Credo einmal in die ironische Wendung, das sei, als ob man sagen wolle: „Fische sind geboren, um zu fliegen, aber überall schwimmen sie."[138] Herzen, der das russische Leben vor Augen hatte, wußte, daß die meisten Menschen gar nicht nach der Freiheit suchen und sie auch nicht brauchen. Sie ertragen alle Lasten der Gegenwart, weil sie sich an die Bedrückungen der Vergangenheit erinnern und sich der Ungewißheit nicht aussetzen wollen. Die meisten Menschen lieben die Befreier nicht, die ihnen einreden, ihr Leben sei verloren, wenn sie es nicht für die Idee von der neuen schönen Welt aufs Spiel setzten. Aber warum soll man sich eigentlich einem Wagnis hingeben, wenn niemand voraussagen kann, wohin die Verneinung aller Werte und Ordnungen führt und was sie bewirkt? „Hast Du vergessen, daß Ruhe und sogar der Tod dem Menschen lieber sind als die freie Wahl im Wissen von Gut und Böse?", läßt Dostojewski den Großinquisitor zu

---

[138] *Jean-Jacques Rousseau*, Vom Gesellschaftsvertrag, S. 5. Herzen zitiert nach *Isaiah Berlin*, Herzen und Bakunin über die Freiheit des Einzelnen, in: ders., Russische Denker, Frankfurt am Main 1981, S. 124–163, hier S. 140.

Jesus sagen. „Wir haben Deine Opfertat korrigiert, und sie auf Wunder, Geheimnis und Autorität gegründet. Und die Menschen haben sich gefreut, daß sie wieder geführt wurden wie eine Herde ... Warum also bist Du gekommen, uns zu stören?"[139]

---

[139] *Fjodor Dostojewski*, Die Brüder Karamasow. Neu übersetzt von Swetlana Geier, 5. Aufl., Frankfurt am Main 2015, S. 410, 414.

## 7. Die Kunst des Aufstandes

Warum also war er gekommen, sie zu stören? Auch die siegreichen Revolutionäre wissen, daß vom Anfang nur sprechen kann, wer vom Ende weiß. In Wahrheit kommen Revolutionen unerwartet, und niemand weiß, wohin sie führen und was sie bewirken werden, schon gar nicht die Revolutionäre, die im Strom der Ereignisse schwimmen, sich im Nachhinein aber in der Rolle von Regisseuren gefallen, die immer schon wußten, daß es nicht anders kommen konnte, weil es das Volk doch so gewollt habe. Zwar mag die Revolution Recht haben und Recht stiften. Aber sie ist nicht *im* Recht. Sie unterbricht nicht nur die Kontinuität, sie bricht auch mit den Regeln und dem Koordinatensystem, das definiert, was erlaubt ist und was nicht. Sie ist ein Akt der Freiheit, der sich unabhängig vom Recht weiß und ihm vorausgeht. Frei ist, wer die Wahl hat, unfrei, wer Bedingungen akzeptiert, unter denen man eine Wahl treffen darf. So jedenfalls hätte Lenin auf die Frage geantwortet, was eine Revolution denn eigentlich sei.[140]

Die Revolutionäre setzen sich über das Recht hinweg, weil sie die Ordnung, an deren Grundfesten sie rütteln, für illegitim halten. Darin aber heben sie den verbindlichen Rahmen auf, der menschlichem Handeln Grenzen setzt. Denn wer Freiheit als das Vermögen versteht, zu tun, was man will, weiß, daß auch die anderen frei sind, zu tun, wonach ihnen der Sinn steht. Die Feinde werden füreinander zu absoluten Feinden, die einander moralisch ächten, bevor sie das große Vernichtungswerk beginnen. Im Bürgerkrieg ist alles Recht so lange suspendiert, bis es einer Partei gelingt, neues Recht in die Welt zu setzen und durchzusetzen.

---

[140] *Slavoj Žižek*, Lenin heute. Erinnern, Wiederholen und Durcharbeiten, Darmstadt 2018, S. 74–76.

Jeder kämpft jetzt nur noch für sein Recht, auf der Welt zu sein, die Gewalt ist auf das Äußerste zugespitzt.[141]

Jede Revolution ist ein gewalttätiges Geschehen, in dem die Leidenschaften und die Tugenden die abstrakten Prinzipien der Freiheit verdrängen. „Es herrschen jetzt die Tugend und der Schrecken", sagt Hegel, „denn die subjektive Tugend, die bloß von der Gesinnung aus regiert, bringt die fürchterlichste Tyrannei mit sich."[142] Den einen wird die Macht genommen, den anderen wird sie gegeben. Revolutionen sind Prozesse der Machterschütterung und Machtübertragung, ganz gleich, worauf es die Revolte eigentlich abgesehen hat und mit welchen Motiven sie sich im Nachhinein ausstattet.

Am 26. Februar 1917, dem dritten Tag der Revolte, glaubte Alexander Kerenski noch, daß er und seinesgleichen verhaftet werden würden. Die Sozialisten aller Couleur zögerten, sie wußten nicht, wie sie der Elementargewalt des Aufruhrs begegnen und in welche Bahnen sie ihn lenken sollten. Die Menschewiki gaben auf die Selbstorganisation des Volkes mehr als andere, aber auch sie waren unentschlossen. War die Stunde des Umsturzes wirklich gekommen? Und war man auf sie überhaupt vorbereitet? Nun aber, im Angesicht der großen Meuterei, eröffneten sich ihnen Möglichkeiten, von denen sie Stunden zuvor nicht einmal zu träumen gewagt hätten. Sie mußten handeln, weil sie sonst alles verlieren konnten. „Wir können nicht zurück. Wir können nirgendwo hin", so stand es in einem Flugblatt, das vom Stadtkomitee der „Meschrajonzy", einer sozialistischen Gruppe um Trotzki und die Sozialrevolutionäre, am Abend des 27. Februar tausendfach verteilt wurde.[143] Sieg oder Untergang. Etwas ande-

---

141 *Carl Schmitt*, Theorie des Partisanen. Zwischenbemerkung zum Begriff des Politischen, 8. Aufl., Berlin 2017 (erstmals 1963), S. 95; *ders.*, Politische Theologie, S. 13–21; *ders.*, Die Diktatur. Von den Anfängen des modernen Souveränitätsgedankens bis zum proletarischen Klassenkampf, 8. Aufl., Berlin 2015, (erstmals 1921), S. 134–135.
142 *Hegel*, Vorlesungen über die Philosophie der Geschichte, S. 533.
143 *Hasegawa*, February Revolution, S. 332.

## 7. Die Kunst des Aufstandes

res konnte es jetzt nicht mehr geben. Die Strafe vor Augen, die folgen würde, wenn die Gegenrevolution gewönne, traten die Sozialisten die Flucht nach vorn an, stürzten ins Ungewisse, ohne Ziel und Plan. „Das ist genug, um uns alle zu hängen, für den Fall, daß die Revolution niedergeschlagen wird", sagte der Sozialrevolutionär Pitirim Sorokin zu den Soldaten, die ihn am 27. Februar in einem rot beflaggten Auto durch die Stadt fuhren.[144]

Kein Aufstand war jemals erfolgreich ohne Führung und Lenkung, ohne Organisation und Strategie. Die Macht muß ergriffen werden, selbst wenn sie schon auf der Straße liegt. Nicht einmal die schwächste Herrschaft läßt sich ohne den Macht- und Durchsetzungswillen derer, die der Masse Ziele setzen, in ihren Grundfesten erschüttern. Denn die Masse selbst kann keine Entscheidungen treffen. Alle Massen sind amorph, sie rotten sich so schnell zusammen, wie sie zerfallen, wenn es keine festen, abgeschlossenen und organisierten Gruppen gibt, die Zwecke setzen und Ziele formulieren. Elias Canetti sprach von Kristallen: kleinen Gruppen von Menschen, die imstande sind, Massen in Bewegung zu setzen. Das Massenkristall ist beständig, es besteht nur aus wenigen Menschen, die auf Verrichtung und Gesinnung eingestimmt sind und sich darin von ihrer Umwelt isolieren. „Wer sie sieht oder erlebt, muß zuallererst spüren, daß sie nie auseinanderfallen werden. Ihr Leben außerhalb des Kristalles zählt nicht."[145] Niemand nimmt sie als Personen wahr, selbst, wenn sie als Einzelne in Erscheinung treten, denkt jeder an all die anderen, die Teil des Kristalls sind.

Kristalle wachsen nicht, sie zerfallen aber auch nicht so leicht wie die Masse, die so schnell vergeht, wie sie entsteht und keinerlei Verteilung von Aufgaben und Funktionen kennt. Im Angesicht des wilden Aufruhrs bleibt das Kristall ein ruhender Fels in stürmischer Brandung. Alles an ihm ist Grenze, Organisation und Arbeitsteilung. Keine Revolution war jemals erfolgreich ohne die Fähigkeit kleiner, abgeschlossener Gruppen, hier und jetzt zu

---

[144] *Pitirim Sorokin*, Leaves from a Russian Diary, New York 1924, S. 8.
[145] *Canetti*, Masse und Macht, S. 84–85.

handeln. Trotzki schrieb in seiner Geschichte der russischen Revolution, daß die Anführer nur den Augenblick erfassen müßten, in dem die Stimmung reif für den Umsturz sei. Man müsse sich zum Aufstand wie zu einer Kunst verhalten: der Menschenführung, der elastischen Orientierung, der Angriffsplanung, der technischen Vorbereitung und der „Kühnheit beim Zuschlagen". Die Kunst des Aufstandes ist militärische Aktion, die zwar nicht vom Willen und der Aktion, aber von der Stimmung der Massen getragen wird.[146]

Gewöhnlich vergeht Zeit, bis diejenigen, die die alte Ordnung aus den Angeln heben wollen, bemerken, daß aus dem Aufruhr eine Revolution werden könnte. Der Mob zieht plündernd durch die Straßen, Polizisten werden gejagt und getötet, Offiziere von ihren Soldaten gelyncht. Aber die Masse hat keinen Willen, den sie auf etwas richten könnte, und so läuft der Aufruhr Gefahr, sich im Nichts zu verlieren, sobald die Masse sich auflöst oder von den Waffen der Staatsgewalt auseinandergetrieben wird. Irgendwann aber, wenn die Zeit reif zu sein scheint, es nur noch eines letzten Schritts bedarf, um ans Ziel zu kommen, erscheinen aus dem Nichts Führer, die sich an die Spitze der Rebellion setzen, ihr eine Form und eine Richtung geben. Sie müssen allerdings darauf vertrauen können, daß sich die Funktionsträger des Staates neutral verhalten und ihre Loyalität den Siegern gehören wird. „Die Machtnahme muß jeweils ein ‚Publikum' ausklammern", sagt Popitz, „dem suggeriert werden kann, daß es mit dem ganzen Vorgang der Machtausdehnung, mit etwa ausbrechenden Konflikten nichts zu tun habe."[147] Dennoch sind sie die eigentliche Hilfstruppe der Machtnahme.

Revolutionäre, die sich mit einer Palastrevolte zufriedengäben, politische Führer oder Funktionsträger in der Bürokratie bedrohten, wie es im März 1881 geschah, als Terroristen Alexander II.

---

[146] *Leo Trotzki*, Geschichte der russischen Revolution, Zweiter Teil: Oktoberrevolution, Frankfurt am Main 1982, S. 833; *Curzio Malaparte*, Technik des Staatsstreichs, Karlsruhe 1968, S. 11–42.
[147] *Popitz*, Phänomene der Macht, S. 213.

# 7. Die Kunst des Aufstandes 81

töteten, gewönnen nichts und zerstörten sich am Ende selbst. Man könne bürokratische Institutionen nicht umbringen, hat der Soziologe Georg Simmel einmal gesagt, weil sie die Personen überdauern, die in ihnen dienen.[148] Wenn Revolutionäre es dennoch versuchten, hätten sie nur Erfolg, wenn sie alle Beamten töteten und auf der tabula rasa die Verhältnisse neu einrichteten. Wer das nicht will und nicht vermag, und dennoch alles auf eine Karte setzt, muß Gewißheit haben, daß die Neutralen ihre Gewohnheiten nicht ändern, die Beamten in den Behörden tun, was der Tag von ihnen verlangt, während auf der Straße der Krieg ausgetragen wird. Denn am Ende kommt es nur darauf an, daß die Revolutionäre die Staatsmaschine unbeschadet in ihre Hände bekommen.

Jede Revolution ist ein Diktat, das sich auf nichts anderes als den Willen stützt, eine scheinbar illegitime Regierung von der Macht zu entfernen, ganz gleich, ob sich die Revolutionäre auf Gesellschaftsverträge, auf universale Moralvorstellungen oder auf ihr Können berufen. Es ist die Gewalt, nicht die Diskussion, die die Macht substituiert.[149] Wir stehen der Vielfalt der Eindrücke fassungslos gegenüber. Alles, was sich dem Bewußtsein aufdrängt, zeigt sich ihm zunächst in seiner Gleichwertigkeit. Im Moment der Entscheidung aber kommt Ordnung in die Welt. Relevantes wird von Irrelevantem getrennt, die Welt der ungeordneten Erscheinungen strukturiert. Entscheidungen beruhen darauf, daß Diskurse abgebrochen werden. Die Entscheidung selbst aber ergibt sich aus der Wahl, etwas zu tun und anderes zu unterlassen. Sie ordnet die Welt und gibt ihr eine hierarchische Struktur.[150]

---

[148] *Simmel*, Die Selbsterhaltung der sozialen Gruppe, S. 322; *Jörg Baberowski*, Erwartungssicherheit und Vertrauen: Warum manche Ordnungen stabil sind, und andere nicht, in: ders., Was ist Vertrauen?, Frankfurt am Main 2014, S. 7–29; *David Graeber*, Bürokratie. Die Utopie der Regeln, Stuttgart 2016, S. 183–184.

[149] *Hindrichs*, Philosophie der Revolution, S. 31–32; *Carl Schmitt*, Die geistesgeschichtliche Lage des heutigen Parlamentarismus, 10. Aufl., Berlin 2017 (erstmals 1923), S. 61.

[150] *Panajotis Kondylis*, Macht und Entscheidung. Die Herausbildung der Weltbilder und die Wertefrage, Stuttgart 1984, S. 14–15.

Revolutionen gibt es überhaupt nur deshalb, weil Fragen nach der besten aller Welten im Lichte menschlicher Anmaßung und Vernunft unterschiedlich beantwortet und entschieden werden. Die Entscheidung, zu widersprechen und alles aufs Spiel zu setzen, ist eine Möglichkeit, die sich aus dem Gebrauch der Vernunft ergibt, die Revolution ist nur ihre letzte und äußerste Konsequenz.

Revolutionen unterbrechen die Kontinuität des Handelns und setzen die Regeln außer Kraft, an denen sich das Handeln orientiert. Die vom Recht begründete Gewalt des Staates begegnet der Gewalt, die das Recht aufheben will. Die Revolutionäre befolgen jetzt nur noch die Regeln, die sie im Vollzug des Aufruhrs selber setzen. Am Anfang aber steht der Wille, den Lauf der Zeit zu unterbrechen. Im Augenblick der Revolte wird das überkommene Recht außer Kraft gesetzt und die Machtfrage in ihrer Unmittelbarkeit gestellt. Legitimation kann sich jetzt nur noch verschaffen, wem es gelingt, die Machtfrage durch Entscheidungen zu beantworten.[151] Die Herren sind nicht nur die Anführer, sie sind auch die Vermittler all jener Wünsche, die die Massen nicht artikulieren und die sich von selbst nicht erfüllen können. Je freier man sich fühlt, so Slavoj Žižek über das Verhältnis von Masse und Führer, „umso fester hält uns der Rahmen des Möglichen gefangen." Niemand will mit den Bedingungen brechen, unter denen man eine Wahl haben darf. Man müsse deshalb vom Herrn in die Freiheit „hineingestört" werden. Wenn die Machtlosen und Hilflosen einem wirklichen Herrn zuhörten, der weiß, was er sagt und was er will, könnten sie entdecken, was sie eigentlich wollen und können.[152]

Denn Freiheit heißt eigentlich, einen neuen Anfang zu machen und die Koordinaten zu verrücken, die unseren Entscheidungsspielraum einschränken. Solche Kraft aber bringen nur diejenigen auf, die entschlossen sind, das System des Möglichen zu sprengen

---

151 *Schmitt*, Politische Theologie, S. 13; *Hindrichs*, Philosophie der Revolution, S. 10–11, 103.
152 *Žižek*, Lenin heute, S. 74–76.

## 7. Die Kunst des Aufstandes

und die Tore zu Neuem aufzustoßen. Der Herr ist, wenn man Lenin folgen will, einer, der in Worte und Taten faßt, wer man selber sein will und der das Individuum an den Abgrund der Freiheit führt. Revolutionäre, so Lenin, seien Helden, weil sie Führer sind, die die Massen begeistern und aus ihrem Schlaf erwecken. Es grenzt an ein Wunder, was sie tun, denn sie unterbrechen nicht nur den Lauf der Zeit, sondern zwingen durch entschlossenes Handeln Freunde wie Feinde, sich zu ihnen zu verhalten. Manchmal genügt ein Funke, der von einem Tatmenschen entzündet wird, und schon verwandeln sich Übellaunigkeit und Verdruß in leidenschaftlichen Aufruhr, der vor nichts mehr Halt macht.[153]

Lenin, dessen Revolution ohne Verweise auf Gesellschaftsverträge und Menschenrechte auskam, berief sich auf den Willen derer, die immer schon voraussehen, was an der Zeit ist und die verteidigen, was scheinbar alle wollen. Der Revolutionär glaubt zu wissen, was eigentlich alle wollen, aber nicht zum Ausdruck bringen können, er glaubt an Instinkt und Intuition, verachtet Diskussion und Kompromiß. „Wer auf der Seite der kommenden Dinge steht", hat Schmitt über ihn gesagt, „darf das, was fällt, auch noch stoßen".[154] Das Volk mag Souverän genannt werden, aber es kann keine Entscheidungen treffen, weil es keine Person ist. Lenin aber tat, was er wollte, weil er es konnte. Er entschied über den Ausnahmezustand, und darin zeigte sich seine Macht: nicht nur etwas zu wollen, sondern es auch zu können. Allein deshalb war die revolutionäre Tat für ihn und sein Gefolge gerechtfertigt. Technik und Strategie werden zu Schlüsselbegriffen einer Moderne, in der alles möglich scheint und die den Menschen ermächtigt, alles zu tun, was er kann. Der Revolutionär war reuelos, nichts als Erbe seiner Taten. Er stürzte nach vorn, getragen vom Applaus des Augenblicks und riss die Brücken ein, die ihn noch mit der Vergangenheit verbanden. Der Sturz nach vorn

---

153 *Lars Lih*, Lenin Rediscovered, Chicago 2008, S. 770.
154 *Carl Schmitt*, Die Diktatur, S. XVII; ders., Die geistesgeschichtliche Lage des heutigen Parlamentarismus, S. 78.

war ein Akt der freien Wahl, Macht, die Fähigkeit, die Tatsachen zu widerlegen und das Unmögliche zu verlangen. Hinter sich das Nichts, vor sich den Abgrund. So wirft sich der Revolutionär in eine Welt, die auf eine Entscheidung wartet.[155]

Sensible Beobachter sahen schon im Frühjahr 1917, daß Lenin und seine Anhänger sich als Tatmenschen inszenierten, die ernst meinten, was sie in die Welt hinausriefen. Maurice Paléologue, der Lenin schon im April gesehen und gehört hatte, hielt den Anführer der Bolschewiki für einen Savonarola neuen Typs, der vom Wahnsinn befallen, aber entschlossen sei, seine Wahngebilde gegen die Wirklichkeit zu verteidigen.[156]

Auch Nicolas Nabokow, der Neffe Wladimir Nabokows, wurde im April 1917 Zeuge eines solchen Auftritts. Lenin habe vom Balkon eines Hauses gesprochen, das einst der Primaballerina Matilda Kschesinskaja gehört hatte und von den Bolschewiki konfisziert worden war. Kalt sei es gewesen, der Himmel grau. Vor dem Haus hätten sich nur wenige Menschen, vor allem Frauen, versammelt, die unter aufgespannten Schirmen hörten, was Lenin zu ihnen herabrief. Lenins Auftritt sei ein einziges Verstörungserlebnis gewesen, erinnerte sich Nabokow. Denn der Fanatismus und die Revolutionsrhetorik habe in einem eigenartigen Kontrast zur Sprache gestanden, derer sich Lenin bediente. Seine Stimme sei hoch und schrill gewesen, seine Wörter Entlehnungen aus der Sprache des westeuropäischen Sozialismus. Das rollende R, wie es nur in den Salons der adligen Oberschichten zu hören gewesen sei, die Modulierung seiner Wörter, das Geschrei hätten dem Inhalt eine merkwürdige Färbung gegeben. „Ich erinnere mich, daß ich an diesem Tag erschauderte vor dem Auftritt Lenins, ich fühlte einen Kloß der Furcht in meinem Hals. Es schien lächerlich. Hier war ein weltgewandter Mann, der all diese unpatriotischen Dinge in dieser nach Oberschicht klingenden Sprache sagte. Unverzüglichen Frieden ohne Kontributionen

---

[155] Vgl. die Interpretation von Hanno Kesting, Lenin, in: *Alfred Weber*, Einführung in die Soziologie, München 1955, S. 120–143.
[156] *Paléologue*, Am Zarenhof, Bd. 2, S. 466, 468–469.

## 7. Die Kunst des Aufstandes 85

oder Annexionen, unverzügliche Abschaffung des Eigentums an Grundbesitz ohne Entschädigung der Landbesitzer, unverzügliche Demobilisierung, unverzügliche Machtergreifung der Arbeiter- und Bauernräte und die vollständige Abschaffung des Privateigentums. Ich kam verwirrt und tief besorgt nach Hause. Da war etwas Bedrohliches in dieser frühen Erfahrung mit der bolschewistischen Ideologie. Kaum sechs Monate später wußten wir alle, die Lenin die blutdürstige, erbärmliche Klasse der Bourgeois genannt hatte, daß er meinte, was er sagte."[157]

Lenin verband den Willenskult der russischen Volkstümler, Anarchisten und Terroristen des 19. Jahrhunderts und den blinden Furor der Pugatschowschtschina mit den Lehrsätzen eines Marxismus, der sich für Wissenschaft hielt. Nicht am Wettstreit der Ideen sei die russische Demokratie zerbrochen, sondern an ihrer Isolation vom Volk, an ihrer Unentschlossenheit und Zaghaftigkeit, schrieb der Führer der russischen Liberalen, Pawel Miljukow in seiner Geschichte der russischen Revolution. Es habe nur eines Anstoßes bedurft, um das Riesenreich und seine Staatsmaschine zu zertrümmern. Im Chaos des Untergangs hätten sich nur entschlossene und skrupellose Gewalttäter durchsetzen können. Der Bolschewismus sei ein Phänomen des russischen Lebens, ein Reflex schwacher Staatlichkeit, keine Repräsentation des europäischen Marxismus. „Wie eine mächtige geologische Umwälzung hat sie die dünne Decke, die über den letzten kulturellen Besonderheiten lag, spielend leicht abgeworfen und die lange unter ihnen verborgenen Schichten an die Oberfläche gebracht, die uns an die graue Vergangenheit erinnern, an die lange zurückliegenden Epochen der Geschichte des Landes. Die russische Revolution hat uns unsere ganze historische Struktur offenbart, die nur schwach von der Oberfläche der letzten kulturellen Errungenschaften überdeckt gewesen war. ... Was den fremden Beobachter an den gegenwärtigen Ereignissen verblüfft, ... das war dem Soziologen und dem Erforscher der russischen histori-

---
[157] *Nicolas Nabokov*, Bagazh. Memoirs of a Russian Cosmopolitan, New York 1975, S. 142–143.

schen Entwicklung schon lange bekannt. Für ihn sind Lenin und Trotzki Führer einer Bewegung, die Pugatschow, Rasin und Bolotnikow, dem 18. und 17. Jahrhundert unserer Geschichte viel näher sind als den letzten Worten des europäischen Anarcho-Syndikalismus."[158] Joseph de Maistre sprach von der zweiten Offenbarung. Wie Gott durch die Heilige Schrift zu den Menschen spreche, wenn sie sich vollkommen enthüllten, so sprächen die Menschen durch die Verwüstung und die Gewalt zu sich selbst.[159]

Nicht einmal die schwächste Herrschaft läßt sich ohne den Macht- und Durchsetzungswillen derer, die der Masse Ziele setzen, in ihren Grundfesten erschüttern. Zu Recht sagt Hannah Arendt: „Eine zahlenmäßig kleine, aber durchorganisierte Gruppe von Menschen kann auf unabsehbare Zeiten große Reiche und zahllose Menschen beherrschen."[160] Wer also mit dem Gedanken spielt, die bestehende Ordnung aus ihrer Verankerung zu reißen, muß aber auch den Konsequenzen ins Auge sehen, die sich aus der entfesselten Gewalt ergeben. Die Rebellion könnte noch mißlingen. In der Stunde der Revolte hilft dem Ancièn Regime nur noch Entschiedenheit. Einer muß entschlossen sein, den Aufstand niederzuwerfen. Ist die Überlegenheit der Gewaltmittel in den Händen der Herrschenden gesichert, fällt es schwer, die Staatsmaschine aus den Angeln zu heben.

Macht, die herausgefordert wird, aber nicht weiß, wie sie der Herausforderung begegnen soll, stellt selbst in Frage, worauf ihre Legitimation beruht: nämlich Schutz zu gewähren und deshalb Gehorsam verlangen zu können. Wer nicht die Macht hat, andere zu schützen, hat auch nicht das Recht, Gehorsam zu verlangen.[161] Gewalt spricht, wo Macht verloren ist. Es sind die Lust und die

---

158 *Miljukov*, Istorija vtoroj russkoj revoljucii, S. 17–18. Rasin und Pugatschow waren Anführer von Bauern- und Kosakenrevolten im 17. und 18. Jahrhundert.
159 *Sloterdijk*, Die schrecklichen Kinder der Neuzeit, S. 58–59, 119.
160 *Arendt*, Vita Activa, S. 253.
161 *Hobbes*, Leviathan, S. 68; *Schmitt*, Gespräche über die Macht, S. 14; *Quentin Skinner*, Thomas Hobbes und die Person des Staates, Berlin 2017, S. 14–17.

Fähigkeit, zu handeln und Neues zu schaffen, die Revolutionen überhaupt erst Wirklichkeit werden lassen. Nicht Repression und Bedrückung, sondern der Wille und das Vermögen, die Gunst der Stunde zu nutzen, sind die Väter der Revolte. Die klügeren Revolutionäre haben immer schon gewußt, daß Entbehrungen nicht genug sind, um einen Aufstand auszulösen. Sonst, so Trotzki, wären die Volksmassen ständig im Aufstand.[162] Der Wille aber hat es leichter, wenn er nur noch auf schwachen Widerstand stößt. Erst wenn die Autorität im Zweifel steht, wenn die Machthaber zaudern, Schwäche zeigen, die Beamten und die geistige Elite sich von ihnen abwenden, ihnen niemand mehr aufs Wort glaubt, wagen es ihre Gegner, Gewalt gegen sie einzusetzen. Nun bricht die Stunde der Aufwiegler an, die nur noch umwerfen müssen, was sich schon im Fall befindet.

Selbst in seinen „soziologischsten Augenblicken", führt uns das Geschehen vor Augen, was der Zufall und der Mensch vermögen und was nicht. „Die Grenze zwischen Gewalt und friedlicher Überredung ist ein dünner Strich, den man nicht nach Formeln, ‚wissenschaftlichen' Regeln oder Lehrbüchern ziehen kann", schreibt der amerikanische Historiker Crane Brinton. „Nur Männer, die die Kunst des Regierens beherrschen, können ihn ziehen. Ein deutliches Zeichen der Unfähigkeit der herrschenden Klasse zum Weiterherrschen ist das Fehlen dieser Kunst."[163] Und so kommt es, daß manche Regime überleben, obwohl sie nichts als Elend und Gewalt verursachen und andere gestürzt werden, auch wenn es keine guten Gründe dafür gab, sie zu beseitigen.

Unzufriedenheit ist also kein hinreichender Grund dafür, daß sich eine Revolte in eine Erhebung und eine Erhebung in einen Staatsstreich verwandelt. Gleiche Stimmungen können in unterschiedlichen Situationen verschiedenes bewirken. Was Menschen auch immer antreiben mag: die Empörung über die Ungerechtigkeit der Verhältnisse, der Haß auf die Obrigkeit, die Grausamkeit

---

162 Zitiert nach: *Brinton*, Anatomie der Revolution, S. 45.
163 *Brinton*, Anatomie der Revolution, S. 67–68, 93; *Arendt*, Macht und Gewalt, S. 50; *dies.*, Über die Revolution, München 1986, S. 59.

der herrschenden Eliten, oder die Möglichkeiten, die sich eröffnen, wenn die Staatsgewalt die Zügel lockert – stets muss Macht genommen und erstritten werden. Dieses Geschehen aber ist offen, und sein Ausgang hängt von Situationen ab, von der Autorität der Herrscher und der Organisationsfähigkeit der Herausforderer, von der Infrastruktur und den Möglichkeiten der Kommunikation, von Waffen und ihrem Einsatz, von Mut und Feigheit, von Zaghaftigkeit und Entschlossenheit, schließlich auch vom Verhalten der Mehrheit, die mit all dem überhaupt nichts zu tun hat und abwartet, wer am Ende den Sieg davon tragen wird.

„Man kann es nicht oft genug wiederholen", schrieb Joseph de Maistre über die Dynamik der Französischen Revolution. „Nicht die Menschen machen die Revolutionen, sondern die Revolution benutzt die Menschen. Sehr richtig hat man gesagt: sie geht von allein."[164] Man stürzt sich in den Kampf, und irgendwann bemerken selbst jene, die mit Verstandesgaben nicht gesegnet sind, daß sie die Kontrolle über das Geschehen verlieren und tun müssen, was die Situation von ihnen verlangt. Die Revolutionäre befolgen jetzt nur noch die Regeln, die sie im Vollzug des Aufruhrs selber setzen. „Die Revolution ist ein Fatum und eine Urgewalt", war sich der russische Philosoph Nikolai Berdjajew gewiß, nachdem er selbst Zeuge der blutigen Ereignisse des Jahres 1917 geworden war. Die Sieger aber hätten vergessen, daß auch sie nur Werkzeuge eines Geschehens gewesen seien, das sie zwar an die Macht gebracht habe, weil sie gewußt hätten, welchen Gebrauch man von den Waffen und ihren Menschen machen konnte, das sie aber weder lenken noch hätten formen können.[165]

Manche wissen besser als andere, welche Handlungsmöglichkeiten sich ihnen in Situationen eröffnen, und sie tun, was sie glauben, tun zu können. Nichts ist vorherbestimmt, alles kann anders kommen, als man denkt. Siegreich aber ist der Revolutio-

---

164 *Joseph de Maistre*, Betrachtungen über Frankreich. Über den schöpferischen Urgrund der Staatsverfassungen, Berlin 1924, S. 32.
165 *Nikolai Berdjajew*, Das neue Mittelalter. Betrachtungen über das Schicksal Russlands und Europas, Darmstadt 1927, S. 62.

när nur als Extremist, als Dezisionist, der weiß, was die Stunde der Entscheidung von ihm verlangt. „Ein rationalistischer Wahnsinn ist es", so Berdjajew, „zu hoffen, daß die Urgewalten der Revolution von gemäßigten, vernünftigen Parteien, von Girondisten oder Kadetten beherrscht und gelenkt werden können. Das ist die unrealisierbarste aller Utopien. In der russischen Revolution waren die Kadetten Phantasten, die Bolschewisten aber Realisten."[166] Wer immer auch die Revolutionäre seien und was immer sie auch verlangen oder anstreben mögen, sie können nicht gewinnen, wenn sie sich nicht auch von der Zerstörungslogik der Revolution treiben lassen. Die Versprechungen werden niemals eingelöst, weil niemand weiß, was kommen wird und weil nichts von dem, was sich die Revolutionäre erträumen, wirklich eintritt. Man kann die Ereignisse nicht in sein System zwingen, man muß das System vielmehr den Ereignissen anpassen. Lenin und Trotzki hatten diese Wahrheit verstanden. Sie siegten, weil sie sich von Skrupeln nicht beirren ließen, weil sie bedenkenlos über Bord warfen, was sie daran gehindert hätte, nach der Macht zu greifen und sie zu behalten. „Wir können nicht so sein wie sie", schrieb der Dichter Iwan Bunin am 21. April 1919 über sich und seinesgleichen in sein Tagebuch. „Und weil wir es nicht können, ist es aus mit uns."[167]

---

[166] *Berdjajew*, Das neue Mittelalter, S. 64.
[167] *Bunin*, Verfluchte Tage, S. 87.

## 8. Die souveräne Diktatur

Jede Herrschaft muß für den Ernstfall gewappnet sein. Aber auch diejenigen, die sie herausfordern, müssen wissen, was nach der Revolution geschehen soll. Immer kommt es darauf an, daß Macht, die in Frage steht, sich wieder ins Recht setzt. Das aber kann sie nur, wenn sie Recht bricht. Als Alexander II. am 1. März 1881 auf offener Straße einem Anschlag zum Opfer fiel, gab es einen kurzen Moment der Unsicherheit. Er währte nicht einmal eine Stunde, weil die Angehörigen der regierenden Elite, die sich vor dem Sterbezimmer des Reformzaren versammelten, nichts anderes im Sinn hatten, als die Ordnung zu bewahren, der sie alles verdankten. Der Thronfolger, der am Bett des Vaters kniete, hatte sofort verstanden, worauf es in der Stunde der Unsicherheit ankam. Noch am selben Tag wurde die Regierung auf Alexander III., den Sohn des verstorbenen Herrschers, vereidigt und ein Edikt erlassen und in alle Regionen des Landes versandt, das die Nachricht vom Tode des Zaren mit der Ankündigung verband, daß zwar der Herrscher, aber nicht die Autokratie gestorben war. Und dennoch verstand sich schon 1881 nicht mehr von selbst, was 1825 noch nicht in Frage gestellt worden wäre: daß nämlich der Zar geboren sei, um unumschränkt über seine Untertanen zu herrschen. Die Autokratie überlebte, weil sie sich auf Herkommen und Tradition berufen konnte, weil es ein Thronfolgegesetz gab, das die Nachfolge regelte, vor allem aber, weil die Bürokratie nur durch die Alleinherrschaft sein konnte, als was sie sich in ihrem Innersten verstand: Als verschworene Gemeinschaft aufgeklärter Beamter, die über den Ständen, Klassen und Interessen stand und Rußland nach ihrem Ebenbild formen wollte. Die Autokratie überlebte, so wie sie auch die Revolution von 1905 bestehen sollte, aber sie begründete ihren Alleinherrschaftsanspruch nicht mehr mit dem Hinweis auf göttliche Fügung, sondern damit, daß die Bürokratie könne, wozu die Gesellschaft von Besitz und Bildung niemals imstande sein werde.[168] Im Februar 1917 war alles anders. Nikolai II. dankte ab, zuerst zugunsten seines minderjährigen Sohnes, dann zugunsten seines Bruders, Michail Alexandrowitsch. Als auch der Bruder auf den Thron verzichtete, gab es nichts und niemanden mehr, der den Regierungswechsel hätte legitimieren können. Die Liberalen hatten sich an die Spitze eines Protestes gesetzt, und nun hatten sie nichts, worauf sie sich berufen konnten. Die Provisorische Regierung war weder durch Wahlen legitimiert noch durch Tradition geheiligt, und auf den Willen des Zaren konnte sie sich auch nicht mehr berufen. Die alte Ordnung war zerstört, eine neue aber nicht in Sicht. Auf welche Weise sollte Rußland regiert werden, wie über Landverteilung, Krieg und Frieden entschieden werden?

Als die Revolutionäre den Zaren gestürzt und die alte Ordnung aus den Angeln gehoben hatten, gab es nichts als den vermeintlichen Willen des Volkes, auf den die Usurpatoren noch verweisen konnten. Auf diesen Auftrag aber konnte sich jedermann berufen, selbst die Gegner der Revolution, die jetzt auch im Freien standen und sich auf Herkommen und Tradition nicht mehr stützen konnten. Die Minister der Provisorischen Regierung wußten, daß sie weder durch den Willen des Zaren noch durch Verfassung und Tradition legitimiert waren. Aber sie verweigerten sich aller Konsequenzen, die sich aus dem Rechtsbruch ergaben. Weder wollten sie Kommissare einer Diktatur sein, die wiederherstellte, was verloren gegangen war, noch Schöpfer einer neuen Ordnung. Was wollten sie dann eigentlich? Der Regierungschef, Fürst Georgi Lwow, hatte auf diese Frage keine eindeutige Antwort. Anweisungen gehörten der Vergangenheit an,

---

168 *Boris Čičerin*, Vstupitel'naja lekcija po gosudarstvennomu pravu, čitannaja v Moskovskom universitete 28 oktjabrja 1861 goda, in: ders., Filosofija prava, S.-Peterburg 1998, S. 454–455; *W. Bruce Lincoln*, In the Vanguard of Reform. Russia's Enlightened Bureaucrats 1825–1861, DeKalb/Ill. 1982.

erklärte er Amtsträgern aus der Provinz, die gekommen waren, um zu hören, welche Direktiven die neue Regierung für sie bereithielt. In einem Interview, das Lwow am 7. März den Vertretern der Presse gab, erklärte er: „Das ist eine Frage der alten Psychologie, die Provisorische Regierung hat die alten Gouverneure abgesetzt, aber neue wird sie nicht ernennen. Man wird sie in den Provinzen auswählen. Solche Fragen sollten nicht im Zentrum, sondern von der Bevölkerung selbst entschieden werden."[169]

Wie sollte die neue Staatsform beschaffen sein, wie Land verteilt und Frieden geschlossen werden? Darüber sollte eine Verfassunggebende Versammlung entscheiden, deren Abgeordnete aber erst in freien Wahlen bestimmt werden müßten. Warum trafen die liberalen und sozialistischen Minister in der Provisorischen Regierung keine Entscheidungen? Sie hätten Frieden schließen und das Land an die Bauern verteilen können. Das aber wollten sie nicht, weil sie der Auffassung waren, daß Entscheidungen nur treffen könne, wer auch legitimiert sei. Die Provisorische Regierung sah sich selbst als Herrschaft, die keinem anderen Zweck diente, als sich selbst überflüssig zu machen. Sie verdankte ihre Existenz dem Ausnahmezustand, weigerte sich aber, über ihn zu entscheiden.[170]

Es liegt im Wesen der Krise, daß eine Entscheidung fällig, aber noch nicht gefallen ist.[171] Einer muß die Machtfrage beantworten und eine Ordnung schaffen, in der das Recht wieder zur Geltung kommen kann. Denn hinter die Entzauberung der Welt können die Menschen nicht mehr zurück. Sie müssen, was sie wollen, selbst entscheiden und begründen. Herrschaft, die stets in Frage steht, muß sich deshalb für den Fall der Fälle wappnen. Nicht nur der Revolutionär, sondern auch der Machthaber weiß um den Ausnahmezustand und davon, daß sein Überleben von

---

169 *Miljukov*, Istorija vtoroj russkoj revoljucii, S. 61.
170 *Nabokow*, Petrograd 1917, S. 48–53.
171 *Koselleck*, Kritik und Krise, S. 105.

## 8. Die souveräne Diktatur

der Fähigkeit abhängt, Entscheidungen zu treffen und sie auch durchzusetzen. Wer eine Revolution erlitten, wer an ihr gescheitert ist, weiß, wovon die Rede ist. Der Wille zur Macht wird also zur einzigen Instanz, auf die sich letzte Entscheidungen noch gründen lassen, ganz gleich, worauf sie sich ideologisch berufen. Und so bringt das immerwährende Recht auf Revolution die Idee der Diktatur aus sich hervor.

Man muß Macht haben, um überhaupt handeln zu können. Wer die Macht verwirft, glaubt, daß das Leben keine Bedingungen haben sollte.[172] Jeder Rechtsordnung geht ein Kraftakt voraus, der überhaupt erst einen Rahmen schafft, in dem das Recht seine Wirkung entfalten kann. Dieser Kraftakt aber ist nicht an das Recht selbst, sondern an die Tat und die Entscheidung gebunden, hier und jetzt eine Ordnung zu begründen. Denn es gibt kein Recht, das seine Voraussetzungen selbst garantieren könnte, sei es demokratisch gesetzt, autoritär verordnet oder gefunden. Auctoritas, non veritas facit legem. Nicht Wahrheit, sondern Autorität schafft Recht, sagt Hobbes. „Wo keine allgemeine Gewalt ist, ist kein Gesetz, und wo kein Gesetz, keine Ungerechtigkeit."[173]

Der Staat muß die Voraussetzungen, auf denen er ruht, selbst garantieren. Deshalb ist der Ausnahmezustand mit der Idee politischer Ordnung verknüpft. In jedem Augenblick könnte die Macht in Frage stehen. Eine solche Herausforderung kann nur durch Entscheidungen bewältigt werden. Sie aber kommen aus dem Nichts, aus dem Augenblick, der den gewohnten Lauf der Dinge durchbricht. Der Ausnahmefall hat eine enthüllende Bedeutung: Er offenbart die Fragilität aller Ordnungen und die Bedeutung der Entscheidung, die an nichts als den Willen gebunden ist, hier und jetzt Macht durchzusetzen. Giorgio Agamben definiert den Ausnahmezustand als den Ort, „wo der Gegensatz zwischen der Norm und ihrer Anwendung seine höchste Intensi-

---

[172] *Coltman*, Private Men and Public Causes, S. 178.
[173] *Hobbes*, Leviathan, S. 98; *Schmitt*, Politische Theologie, S. 19.

tät erreicht". Er sei ein „Feld rechtlicher Spannungen, in dem ein Minimum an formaler Geltung einem Maximum an wirklicher Anwendung entspricht".[174] Mit anderen Worten: Man versteht, was der Staat ist und auf welchem Grund er steht, wenn er in Frage steht. „Das Normale beweist nichts, die Ausnahme beweist alles, die Regel lebt überhaupt nur von der Ausnahme", wie Schmitt sagt.[175]

Im Ausnahmefall enthüllt sich der Kern der staatlichen Autorität, weil sich in ihm die Entscheidung von der Rechtsnorm löst. In jeder Gesellschaft kann Streit darüber entstehen, auf welche Weise die Ordnung eingerichtet werden soll. Die Souveränität des Staates besteht nun darin, diesen Streit zu entscheiden und festzulegen, welche Ordnung gelten soll und welche nicht. Die Norm steht dem Ausnahmefall fassungslos gegenüber. Geltungsansprüche von Normen können sich nur auf vorhersehbare, definierbare Situationen beziehen. Der Extremfall aber ist nicht beschreibbar und vorhersehbar. Deshalb ist souverän, wer nach Lage der Dinge entscheidet, was getan werden muß. Der Anfang aller Ordnung beruht auf einer Entscheidung, nicht auf einer Norm. Die Norm setzt die Ordnung vielmehr voraus. „Es gibt keine Norm, die auf ein Chaos anwendbar wäre." Die Autorität muß, um Recht zu schaffen, nicht Recht haben.[176] „Wer den Ausnahmezustand beherrscht, beherrscht daher den Staat, denn er entscheidet darüber, wann dieser Zustand eintreten soll und darüber, was alsdann nach Lage der Sache erforderlich ist. So endet alles Recht in dem Hinweis an die Lage der Sache."[177]

Die Idee der Diktatur gehört zur politischen Ordnung überhaupt, weil jede Herrschaft, die bedroht ist, sei sie demokratisch

---

[174] *Giorgio Agamben*, Ausnahmezustand. Homo sacer II.1, Frankfurt am Main 2004, S. 47; Schmitt, Die Diktatur, S. 133.
[175] *Schmitt*, Politische Theologie, S. 21.
[176] *Schmitt*, Politische Theologie, S. 13, 16, 19.
[177] *Schmitt*, Die Diktatur, S. 17–18. Zur Wirkung des Souveränitätskonzepts vgl. *Nomi Claire Lazar*, Decision and Decisionism, in: David Bessner/Nicolas Guilhot (Hrsg.), The Decisionist Imagination. Sovereignty, Social Science, and Democracy in the 20th Century, New York 2019, S. 109–134.

## 8. Die souveräne Diktatur

oder autoritär, imstande sein muß, Gefahren jederzeit abwenden zu können. Auf Traditionen, auf Gewohnheit und Sitte, auf das Recht, das in Frage steht, kann sich in der Stunde der Not niemand berufen. Selbst im Zarenreich, im Land der unbegrenzten Herrschaft, konnte sich die Staatsgewalt gegen Terroristen, die das Herrschaftsgefüge ins Wanken zu bringen versuchten, nur mit Mühe behaupten. Im Februar 1880 hatten Terroristen Bomben im Winterpalast gezündet und einen Pfeil ins Herz der Macht geschossen. Unmittelbar nach diesem Ereignis ernannte Alexander II. den armenischen General Loris-Melikow zum Diktator und stattete ihn mit weitreichenden Vollmachten aus, damit er den Terror bekämpfte, die autokratische Ordnung und den inneren Frieden wiederherstellte. Loris-Melikow sollte das Land im Auftrag des Souveräns nach Gutdünken regieren und sich den Staatsapparat für die Zwecke der Diktatur gefügig machen.[178]

Die kommissarische Diktatur, wie Schmitt sie definiert, ist an den Auftrag jener gebunden, die wiederherstellen wollen, was verloren gegangen ist. Sie vollzieht nur, was ihr aufgetragen wird, stellt also durch Autorität wieder her, wozu das Recht nicht mehr imstande ist. Sie will einen Zustand herbeiführen, in dem das überkommene Recht verwirklicht werden kann. Der kommissarische Diktator übt die Souveränität nur aus, er hat kein Recht an seinem Amt. Dieses Modell der Krisenbewältigung hatte es schon in der römischen Antike gegeben: die Berufung eines Diktators auf Zeit, der keine andere Aufgabe zu erfüllen hatte, als der rechtmäßigen Ordnung Geltung zu verschaffen, um danach wieder abzutreten.[179]

---

[178] Vgl. *Boris Itenberg/Valentina Tvardovskaja* (Hrsg.), Graf M. T. Loris-Melikov i ego sovremenniki, Moskva 2004, S. 95–101; *Matthias Stadelmann*, „Man spürt jetzt etwas völlig Neues": General Graf Loris-Melikovs Bemühungen um eine reformierte Autokratie (1879–1881), in: Forum für osteuropäische Ideen- und Zeitgeschichte 15 (2011), S. 23–47.

[179] *Schmitt*, Die Diktatur, S. 6; *Wilfried Nippel*, Carl Schmitts „kommissarische" und „souveräne" Diktatur. Französische Revolution und römische Vorbilder, in: Harald Bluhm/Karsten Fischer/Marcus Llanque (Hrsg.),

Als der Reformzar am 1. März 1881 selbst einem Attentat zum Opfer fiel, verhängte sein Sohn den Ausnahmezustand über das Zarenreich und stattete die Gouverneure in den Provinzen mit diktatorischen Vollmachten aus. Der Ausnahmezustand wurde zum eigentlichen Signum der autokratischen Herrschaft, die sich ihrer Souveränität Jahr um Jahr versichern mußte, zuletzt in den Jahren der ersten russischen Revolution, als Sergei Witte und sein Innenminister Pjotr Durnowo militärische Strafexpeditionen in die Provinz schickten, rebellische Stadtviertel und Dörfer mit Feuer und Schwert heimsuchten und Militärfeldgerichte einsetzten, die Terroristen in Schnellverfahren zum Tode verurteilten. Nicht im Hinweis auf Tradition und Gesetz, sondern im Verweis auf ihre Kraft und Gestalt konnte sich die Ordnung am Ende gegen ihre Widersacher behaupten.[180]

Im Zeitalter der Moderne steht alles in Frage, niemand kann mit dem Verweis auf den göttlichen Willen oder immerwährende Traditionen noch Gehorsam erzwingen. Der Diktator ist auch nur ein Mensch unter anderen Menschen, er muß sich gegen fremden Willen behaupten, sich durchsetzen, indem er vollzieht, was er will und kann. Diese Wahrheit hatte der spanische Denker und Politiker Juan Donoso Cortés vor 150 Jahren schon öffentlich ausgesprochen. Nicht auf die Wahl zwischen Freiheit und Zwang komme es an, wenn alles in Frage steht. „Es handelt sich darum, zwischen der Diktatur der Auflehnung und der Diktatur der Regierung zu wählen." Er bevorzuge den Säbel des Staates vor dem Dolch der Revolte, denn jeder Aufruhr weise ins Offene, ins

---

Ideenpolitik. Geschichtliche Konstellationen und gegenwärtige Konflikte, Berlin 2011, S. 105–139; *Hendrik Hamacher*, Carl Schmitts Theorie der Diktatur und der intermediären Gewalten, Neuried 2001, S. 21; *Rüdiger Voigt*, Ausnahmezustand. Carl Schmitts Lehre von der kommissarischen Dikatur, in: ders., (Hrsg.), Ausnahmezustand, S. 85–114.

[180] *Baberowski*, Autokratie und Justiz, S. 691–722; *Tim-Lorenz Wurr*, Terrorismus und Autokratie. Staatliche Reaktionen auf den russischen Terrorismus 1870–1890, Paderborn 2017; *Nikolaj Faleev*, Šest' mesjacev voenno-polevoj justicii. Očerk, in: Byloe (1907), Nr. 14, S. 43–81; *William C. Fuller*, Civil-Military Conflict in Imperial Russia. 1881–1914, Princeton/N.J. 1984; *Baberowski*, Autokratie und Justiz, S. 729–767.

## 8. Die souveräne Diktatur

Unbestimmte, von dem man nicht wisse, wohin er führt. Wer den Dolch ins Spiel bringt, die Verhältnisse durch Aufruhr und Gewalt erschüttert, muß rechtfertigen, was er tut. Der Säbel hingegen braucht keine andere Begründung als die Evidenz des Ordnungswertes.[181] Und so verwandelte sich die absolute Monarchie in eine Diktatur auf Zeit. „Sobald Donoso Cortés erkannte", schrieb Schmitt, „daß die Zeit der Monarchie zu Ende ist, weil es keine Könige mehr gibt und keiner den Mut haben würde, anders als durch den Willen des Volkes König zu sein, führte er seinen Dezisionismus zu Ende, das heißt, er verlangte eine politische Diktatur."[182]

Wer den Absolutismus will, bekommt jetzt nur noch die Diktatur, weil es keine Instanz mehr gibt, die nicht auch in Frage gestellt werden könnte und weil der vermeintliche Wille des Volkes ihre Rechtfertigung ist. So gesehen ist die Diktatur nur eine autoritäre Variante des aufgeklärten Vernunftgebrauchs, weil sie sich nicht kraft dessen, was immer schon da ist, legitimiert, sondern durch den Willen und die Begründung derer, die entscheiden und den vermeintlichen Willen derer, auf den sich die Machthaber berufen.[183] Denn das Volk, das zum Souverän erhoben wird, kann Entscheidungen überhaupt nicht treffen. Es ist allenfalls der Grund, auf dem Entscheidungen legitimiert werden. Dennoch verlangt die Diktatur nach Akklamation, um sein zu können, was sie sein will. Sie ist eine Regierungsform, die begrün-

---

[181] *Juan Donoso Cortés*, Drei Reden. Über die Diktatur. Über Europa. Über die Lage Spaniens, Zürich 1948, S. 23, 48–49. Vgl. dazu auch *Karl Löwith*, Von Hegel zu Nietzsche. Der revolutionäre Bruch im Denken des neunzehnten Jahrhunderts, Hamburg 1995 (erstmals New York 1941), S. 272–273; *Dieter Groh*, Rußland im Blick Europas. 300 Jahre historische Perspektiven, Frankfurt am Main 1988, S. 328–330.
[182] *Carl Schmitt*, Donoso Cortés in gesamteuropäischer Interpretation. Vier Aufsätze, 2. Aufl., Berlin 2009 (erstmals Köln 1950), S. 39; *ders.*, Politische Theologie, S. 55; *Joseph de Maistre*, Von der Souveränität. Ein Anti-Gesellschaftsvertrag, Berlin 2002.
[183] *Schmitt*, Donoso Cortés, S. 40; *Ruth Groh*, Arbeit an der Heillosigkeit der Welt. Zur politisch-theologischen Mythologie und Anthropologie Carl Schmitts, Frankfurt am Main 1998, S. 42–43.

det werden muß. Deshalb ist sie nicht einfach Tyrannei oder Despotie.[184]

Die Frage nach der Souveränität ist obsolet, wenn keine existentiellen Entscheidungen getroffen werden müssen. Im Angesicht der Krise aber, die nach Entscheidungen verlangt, tritt sie ins Zentrum des politischen Lebens. Im Zeitalter der totalen Mobilisierung waren die Begriffe des Staatsnotstandes, des Ausnahmezustandes und der Diktatur des Proletariats keine theoretischen Vokabeln mehr. Millionen Menschen lebten im Ausnahmezustand, und sie gewöhnten sich daran, das Leben nicht zu ihrer Verfügung zu haben. Die Revolten, Vertreibungen, Pogrome und Bürgerkriege, die nach dem Ende des Ersten Weltkrieges Europa erschütterten und das Gefühl der allgegenwärtigen Unsicherheit, das sie erzeugten, verweisen uns auf den Kern dieser Wahrheit.[185]

„Man hat von der Diktatur gesagt", schrieb Carl Schmitt, „sie sei ein Wunder und das damit begründet, daß man sie als Suspendierung der staatlichen Gesetze mit der Suspendierung der Naturgesetze beim Wunder verglich. In Wahrheit ist nicht die Diktatur dieses Wunder, sondern die Durchbrechung des rechtlichen Zusammenhangs, die in einer solchen neubegründeten Herrschaft liegt."[186] So wenig wie Gott das Weltall nach immerwährenden Gesetzen regiert, so wenig wird das Leben von immerwährendem Recht strukturiert. Es kommt der Tag, an dem das Unvorhergesehene geschieht und den Lauf des Lebens unterbricht, ein Geschehen, das vom Recht überhaupt nicht erfaßt wird. Der Ausnahmefall ist der Zustand, der uns überhaupt erst verstehen läßt, auf welchen materiellen und technischen Voraussetzungen Ord-

---

[184] *Franz Neumann*, Notizen zur Theorie der Diktatur, in: ders., Demokratischer und autoritärer Staat, Frankfurt am Main 1986, S. 224–247, hier S. 226.

[185] *Ernst Forsthoff*, Der Staat der Industriegesellschaft. Dargestellt am Beispiel der Bundesrepublik Deutschland, 2. Aufl., München 1971, S. 16–17; *Enzo Traverso*, Im Bann der Gewalt. Der europäische Bürgerkrieg 1914–1945, München 2008, S. 56–76.

[186] *Schmitt*, Die Diktatur, S. 136.

## 8. Die souveräne Diktatur

nungen und ihre Normen beruhen, die Diktatur der Zustand, an dem sich das Ausmaß der Krise bemessen läßt.

Was aber geschieht, wenn die Diktatur die alte Ordnung nicht wiederherstellen, sondern beseitigen und durch eine neue ersetzen will, so wie Jakobiner und Bolschewiki es im Sinn hatten? Schmitt spricht in diesem Fall von der souveränen Diktatur als der Tat, die Altes durch Neues ersetzt und darin nicht an die Normen der überkommenen Rechtsordnung gebunden ist, die sie beseitigen will. „Die souveräne Diktatur sieht nun in der gesamten bestehenden Ordnung den Zustand, den sie durch ihre Aktion beseitigen will. Sie suspendiert nicht eine bestehende Verfassung kraft eines in dieser begründeten, also verfassungsmäßigen Rechts, sondern sucht einen Zustand zu schaffen, den sie als wahre Verfassung ansieht. Sie beruft sich also nicht auf eine bestehende, sondern auf eine herbeizuführende Verfassung."[187] Im Unterschied zur kommissarischen Diktatur, die im Auftrag der verfaßten Gewalt (pouvoir constitué) operiert, handelt die souveräne Diktatur im Auftrag der verfassunggebenden Gewalt (pouvoir constituant), die an nichts als den Willen derer gebunden ist, die neues Recht setzen wollen.[188]

Alle rechtmäßigen Regierungen sind verfaßte Gewalten, die ihre Legitimation in der Rechtsordnung finden, die in einem Gemeinwesen gilt. In diesem Sinne war auch die zarische Regierung eine rechtmäßige, durch Tradition und Gesetz geheiligte Instanz, die durch eine Revolution aus der Welt geschafft wurde. Die Revolutionäre hingegen konnten nur das immerwährende Recht auf Rebellion ins Feld führen, und den Willen, es gegen die verfaßte Gewalt auch durchzusetzen. Schmitt behauptet nun, daß die Zerstörung der alten Ordnung keineswegs nur eine Frage der Machttechnik sei. Zwar stehe die souveräne Diktatur, die in keinem Auftrag handelt, außerhalb der Verfassung, aber zugleich sei sie doch auch eine Gewalt, die eine neue, wahre Verfassung

---

[187] *Schmitt*, Die Diktatur, S. 134. Vgl. auch *Agamben*, Ausnahmezustand, S. 43–47.
[188] *Schmitt*, Die Diktatur, S. 143.

## 8. Die souveräne Diktatur

herbeiführen müsse. Und in diesem Sinne sei auch sie an das Recht gebunden, weil sie ja nicht Ziel, sondern nichts als Zweck sei.[189] Sie ignoriert das überkommene Recht, um eine neue Ordnung und mit ihr das Recht zu verwirklichen. „Die Diktatur ist ein Mittel, um einen bestimmten Zweck zu erreichen; weil ihr Inhalt nur von dem Interesse an dem zu bewirkenden Erfolg, also immer nur nach Lage der Sache bestimmt ist".[190]

Ihre Legitimation bezieht die souveräne Diktatur aus der verfassunggebenden Gewalt, der „pouvoir constituant", die das Recht schafft und mit ihm das Entscheidungsmonopol des neuen Staates garantiert. Die verfassunggebende Gewalt ist der Ursprung aller Gewalten im Staat, sie ist an nichts gebunden, hat nur Rechte und keine Pflichten, und als solche kann sie zwar unrechtmäßig, wohl aber rechtsetzend sein. Man könnte auch sagen, daß der Diktator seinem Auftraggeber diktiert, ohne aufzuhören, sich durch ihn zu legitimieren.[191] Lenin hatte sogleich erkannt, daß dort, wo Legitimation verloren gegangen war, jeder mit gutem Grund die Macht für sich beanspruchen konnte. Als die Stunde der Entscheidung gekommen war, griff er nach der Macht, und er hatte keine Skrupel, sich über alle Regeln hinwegzusetzen. Sein Staatsstreich war eine souveräne Entscheidung über den Ausnahmezustand, seine Herrschaft Diktatur, die sich von nichts anderem leiten ließ als vom Willen der Revolutionäre, hier und jetzt zu vollbringen, was scheinbar an der Zeit war. Die souveräne Diktatur, wie Lenin sie verstand, hatte keinen anderen Zweck als die alte Ordnung zu beseitigen und eine neue in die Welt zu setzen. Darin zeigt sich ihre Souveränität: daß sie kann, was sie will, daß sie das Recht suspendiert und den Bürgerkrieg heraufbeschwört.[192]

---

189 *Schmitt*, Die Diktatur, S. 134.
190 *Schmitt*, Die Diktatur, S. XIV.
191 *Schmitt*, Die Diktatur, S. XIX, S. 140; *Hamacher*, Carl Schmitts Theorie der Diktatur, S. 12–13.
192 *Schmitt*, Die Diktatur, S. 127–149; *Thunemann*, Verschwörungsdenken und Machtkalkül; *Jörg Baberowski*, Diktatur und Gewalt, in: Johannes

## 8. Die souveräne Diktatur

Lenin hat im dritten Jahr der Revolution in entwaffnender Offenheit bekundet, worin für ihn das Wesen der Diktatur bestand. Sie könne den Willen des Volkes nur zum Ausdruck bringen, wenn sie bereit sei, sich auf die Gewalt zu besinnen. Die Diktatur sei zu keinem anderen Zweck in die Welt gekommen, als die Welt von allem zu befreien, was nicht in sie hineingehöre. „Die Diktatur ist eine sich unmittelbar auf Gewalt stützende Macht, die an keine Gesetze gebunden ist. Die revolutionäre Diktatur des Proletariats ist eine Macht, die erobert wurde und aufrechterhalten wird durch die Gewalt des Proletariats gegenüber der Bourgeoisie, eine Macht, die an keine Gesetze gebunden ist." Und er zitierte Friedrich Engels mit den Worten: „Eine Revolution ist gewiß die autoritärste Sache, die es gibt, ein Akt, durch den ein Teil der Bevölkerung seinen Willen dem anderen Teil durch Flinten, Bajonette und Kanonen, alles das sehr autoritäre Mittel, aufzwingt; und die Partei, die gesiegt hat, muß ihre Herrschaft durch den Schrecken, den ihre Waffen den Reaktionären einflößen, behaupten."[193]

Auch Nikolai Bucharin, der Liebling der Partei, wie Lenin ihn nannte, gefiel sich im zweiten Jahr der Revolution in der Rolle des unerschrockenen Jakobiners, der das Notwendige erledigte und auch vor Greueltaten nicht zurückschreckte, um zu retten, was die Bolschewiki im Oktober 1917 erkämpft hatten. In seiner Broschüre „Programm der Kommunisten", die 1919 erschien, erklärte er: „Aber die Revolution besteht eben darin, daß sie ein Bürgerkrieg ist, und Klassen, die sich mit Kanonen und Maschinengewehren bekämpfen, verzichten auf das homerische Rededuell. Die Revolution diskutiert nicht mit ihren Feinden, sie zerschmettert sie, die Konterrevolution tut dasselbe, und beide werden den Vorwurf zu tragen wissen, daß sie die Geschäftsordnung des deutschen Reichs-

---

Hürter/Hermann Wentker (Hrsg.), Diktaturen. Perspektiven der zeithistorischen Forschung, Berlin 2019, S. 156–166.
[193] *Wladimir I. Lenin*, Die proletarische Revolution und der Renegat Kautsky, in: ders., Ausgewählte Werke, Bd. 3, 8. Aufl., Berlin (Ost) 1970, S. 80, 83.

8. Die souveräne Diktatur

tages nicht beachtet haben."[194] Zwanzig Jahre später starb Bucharin selbst durch eine souveräne Entscheidung, als Stalin ihn zum Volksfeind erklärte und erschießen ließ.

Lenins Diktatur war souverän, weil sie Neues nicht aus Altem, sondern aus dem bloßen Willen zur Macht hervorbringen wollte. Sie hielt sich für die eigentliche Demokratie und Ausdruck des Volkswillens, und deshalb glaubte Lenin, tun zu dürfen, was er sich vorgenommen hatte. Die Diktatur sei, so schrieb er, eine neue Form der Demokratie, die die Souveränität der Volksherrschaft überhaupt erst ins Werk setze. Alle Formen der repräsentativen Demokratie seien nichts anderes als die Fortsetzung bürgerlicher Elitenherrschaft. Man dürfe zwar wählen, in Wahrheit aber erteilten die Wähler den Eliten nur eine weitere Lizenz zur Bevormundung und Unterdrückung. Erst in der Diktatur verwirkliche sich der Wille des Volkes, weil sie unmittelbar zum Ausdruck bringe, was die Werktätigen wollen. Sie habe die soziale Umwelt auf eine Weise verändert, „daß die werktätigen Klassen in einem in der Welt noch nie gesehenen Maße die Demokratie tatsächlich ausnutzen".[195]

Für Lenin waren Demokratie und Diktatur überhaupt keine Gegensätze. Manche Diktaturen, so auch der Politikwissenschaftler Franz Neumann, seien Instrumente zur Erhaltung der Demokratie gewesen. Andere hätten das Ziel verfolgt, die Demokratie durch autoritäre Erziehung überhaupt erst herzustellen, also Verhältnisse zu schaffen, unter denen Menschen von Freiheitsrechten Gebrauch machen konnten. Die Diktatur des Proletariats verstand sich jedenfalls als Vorbereitungsdiktatur, die aus eigener Vollkommenheit herstellte, wozu die Volksmassen selbst nicht imstande zu sein schienen. In diesem Sinne war sie souverän. In

---

[194] *Nikolaj Bucharin*, Programm der Kommunisten, Berlin 1919, S. XXIII. Vgl. auch *Kirchheimer*, Zur Staatslehre des Sozialismus, S. 605.

[195] *Wladimir I. Lenin*, I. Kongreß der Kommunistischen Internationale 2.–6. März 1919. Thesen und Referat über bürgerliche Demokratie und Diktatur des Proletariats, in: ders., Ausgewählte Werke, Bd. 3, 8. Aufl., Berlin (Ost) 1970, S. 171.

## 8. Die souveräne Diktatur

fast allen Fällen simulieren Diktaturen demokratische Verfahren, wenngleich sie deren Substanz systematisch zerstören. Darin zeigt sich der demokratische Ursprung der modernen Diktatur.[196]

Diktaturen sind Vorrichtungen zur Bewältigung von Krisen. Für den Notfall läßt sich deshalb nur sagen, daß der Diktator eben alles tun darf, was er will. „Hier wird also nicht mehr nach rechtlichen Rücksichten gefragt, sondern nur nach dem im konkreten Fall geeigneten Mittel zum konkreten Erfolg."[197] Sobald das Entscheidungsmonopol wiederhergestellt ist, hat die souveräne Diktatur ihren Zweck erfüllt. Sie müsste sich also, wenn es ihr nur darauf ankommt, eine neue Verfassung in die Welt zu setzen, selbst abschaffen.[198] Das aber kann und will sie nicht, weil es keine Ordnung mehr gibt, zu der sie zurückkehren könnte und weil sie nicht in andere Hände legen will, was nur sie selbst erhalten kann.

Schmitt fand, eine Diktatur, die nicht den Zweck habe, sich selbst überflüssig zu machen, sei nichts weiter als ein beliebiger Despotismus, der keinen konkreten Erfolg mehr erzielen wolle.[199] Die bolschewistische Herrschaft hingegen blieb Diktatur, über drei Jahrzehnte hinweg, weil ihre Gewalt den Ausnahmezustand stets neu in die Welt setzte, zu keinem anderen Zweck, als an ihm die Souveränität bedrohter Macht zu erweisen.[200] Es mag uns heute paradox erscheinen, aber die bolschewistische Herrschaft war der Urheber jenes Ausnahmezustandes, als dessen Bezwinger sie sich verstand. Sie produzierte Krisen und Feinde, um vor allen Augen zu demonstrieren, daß sie selbst es in der Hand hatte, den Ausnahmezustand zu erklären und nach Lage der Dinge zu entscheiden, auf welche Weise er sich überwinden ließe. Der russi-

---

[196] *Neumann*, Notizen zur Theorie der Diktatur, S. 238–239.
[197] *Schmitt*, Die Diktatur, S. 11, 133.
[198] *Schmitt*, Die Diktatur, S. 127, 133–134; *Norbert Campagna*, Carl Schmitt. Eine Einführung, Berlin 2004, S. 33.
[199] *Schmitt*, Die Diktatur, S. XVII; *Agamben*, Ausnahmezustand, S. 59.
[200] *Thunemann*, Verschwörungsdenken und Machtkalkül; *Baberowski*, Diktatur und Gewalt, S. 156–166.

sche Bürgerkrieg war ein Krieg totaler Entgrenzung und Verwüstung, der um Menschen und ihre Ressourcen geführt wurde. Weiße kämpften gegen Rote, Bauern gegen Weiße und Rote, ukrainische Nationalisten gegen Rote, gegen Juden und Polen, Muslime gegen Armenier, zu dem einzigen Zweck, den Feind zu vernichten, der einem das Recht auf Leben streitig machen könnte. Die Bolschewiki aber waren Meister der Krise und der Improvisation. Der Bürgerkrieg gab ihnen, was sie brauchten, um sich ihrer selbst zu vergewissern. Aus dem Chaos zogen Lenins Anhänger einen größeren Gewinn als ihre Gegner, weil sie den Terror strategisch und systematisch einsetzten, um Widersacher in Furcht und Schrecken zu versetzen, die Opposition zu spalten und die eigenen Reihen zu schließen. Wer mit dem Rücken zur Wand steht, hat keine andere Wahl als den Tatsachen ins Auge zu sehen. Man stürzt nach vorn, vernichtet, was den Weg versperrt, oder man geht unter.[201]

In den Jahren des Bürgerkrieges hatten die Bolschewiki die Erfahrung gemacht, daß der strategische und rücksichtslose Einsatz von Terror Erfolg versprach. Die Gefolgschaft scharte sich hinter den Führern und die Vielen unterwarfen sich den Wenigen, deren Entschlossenheit niemand mehr herauszufordern wagte. Stalin hatte verstanden, was es hieß, sich die Furcht der Anderen zur Waffe zu machen. Ein Mensch, ein Problem, kein Mensch, kein Problem, soll er einmal gesagt haben. Was war die Kollektivierung der Landwirtschaft und die Deportation von mehr als zwei Millionen Bauern anderes als eine Demonstration bolschewistischer Machtvollkommenheit? Man produziert Chaos

---

[201] Zum Bürgerkrieg vgl. exemplarisch: *Laura Engelstein*, Russia in Flames. War, Revolution, Civil War 1914–1921, Oxford 2018; *Jonathan Smele*, The „Russian" Civil Wars. 1916–1926. Ten Years that Shook the World, London 2015; *Willard Sunderland*, The Baron's Cloak. A History of the Russian Empire in War and Revolution, Ithaca/N.Y. 2014. Zum Erbe des Bürgerkrieges vgl. *Viktor Šklovskij*, Sentimentale Reise, Frankfurt am Main 1974; *Moshe Lewin*, The Civil War. Dynamics and Legacy, in: Diane Koenker/William Rosenberg (Hrsg.), Party, State, and Society in the Russian Civil War. Explorations in Social History, Bloomington/Ind. 1989, S. 399–423; *Roger Pethybridge*, The Social Prelude to Stalinism, London 1974.

und Anarchie und führt dann vor allen Augen vor, wie Tatmenschen die selbst inszenierte Krise bewältigen. Der Massenterror der Jahre 1937 und 1938, die Zerstörung des Partei- und Staatsapparates und die Verbreitung von Furcht und Schrecken war keineswegs irrational. Er diente dem Zweck, Machtverhältnisse zu erschüttern, Feinde zu entlarven und Souveränität zu behaupten, indem Krisen bewältigt und Feinde getötet wurden. Die permanente Selbstrevolutionierung war der eigentliche Bewegungsmodus stalinistischer Herrschaft. Sie brauchte den Ausnahmezustand, um an dessen Überwindung ihre Souveränität zu erweisen. Der Stalinismus war Herrschaft, die sich von ihren Zwecken löste, Herrin ihrer selbst, nur dem Willen zur Macht verpflichtet. Die souveräne Diktatur verselbständigte sich. Sie verwandelte sich in eine Tyrannei, die nicht auf Geschichte, Tradition und Gesetz, sondern auf den Willen des Führers verwies, um sich zu legitimieren.[202]

Wer anderen Gewalt antut und darauf Ordnung gründet, muß mit Vergeltung rechnen. Deshalb ist der Gedanke an die Verewigung des Ausnahmezustandes für jene, die sich für die Herrschaft der Gewalt entschieden haben, unwiderstehlich.

Stalin war ein treuer Schüler Lenins, einer, der die Politik des Bruchs und der Zerstörung von ihm übernahm. Peter Sloterdijk fand dafür eine schöne Formulierung, als er davon sprach, es sei Stalins „künstlerische Intuition" gewesen, die Uhr im Jahr 1928 wieder auf null zu stellen. „Sein Terrorsystem demonstrierte, warum die Idee der Revolution als solche mit dem Gedanken an eine zweite Generation unverträglich war."[203] Trotzkis Behauptung, Stalins Gewaltherrschaft sei der Thermidor, der Stillstand schlechthin gewesen, erweist sich deshalb als eine groteske Verkennung des selbstzerstörerischen Geschehens.[204]

---

[202] *Jörg Baberowski*, Verbrannte Erde. Stalins Herrschaft der Gewalt, München 2012.
[203] *Sloterdijk*, Die schrecklichen Kinder der Neuzeit, S. 174–175.
[204] *Leo Trotzki*, Verratene Revolution. Was ist die Sowjetunion und wohin treibt sie?, Zürich 1957 (erstmals Antwerpen 1936).

## 9. Leben nach der Schlacht

Wie viel Leid und Elend wären den Menschen erspart geblieben, wenn jene, die vom Paradies träumten, bescheidener und weniger rücksichtslos gewesen wären, so könnte man fragen? Solche Fragen aber übersehen, daß Revolutionen Ereignisse sind, die sich aus reinen Augenblicken zusammensetzen, in denen sich entscheidet, wie es weitergeht. Weder die einen noch die anderen haben es letztlich in ihrer Hand, wohin sie der Strudel fortträgt, in den sie ihr Handeln geworfen hat. Wer mit dem Feuer spielt, muß auch den Brand aushalten können, der sich entfacht, wenn die Gewalt außer Kontrolle gerät. Eines ist jedoch gewiß: Verständige Menschen bedenken die möglichen Folgen ihres Handelns, Hasardeuren, Abenteurern und Kriegern kommt es hingegen darauf an, Situationen zu schaffen, in denen sich nur noch die rücksichtslosesten und skrupellosesten Gewalttäter durchsetzen.

Lenins Zuhause war der Ausnahmezustand, der ihm gab, was er zu seinem Glück brauchte, aber auch seine Widersacher fanden sich bald in einem Strudel der Gewalt wieder, in dem sie sich für den Krieg konditionierten. Wer die Tore öffnet und der Entgrenzung Bahn bricht, wird vom gewalttätigen Geschehen am Ende selbst verschlungen. Niemand, der durch das Feuer der Revolution gegangen ist, ist nachher noch derselbe. Nicht einmal die Tyrannen können noch im Frieden leben, auch sie werden zu Opfern zersetzender Gewalt. Diese Erkenntnis keimt aber erst nach dem Ende des erschütternden Geschehens auf.[205]

---

[205] Vgl. dazu die Überlegungen von *Stephen Greenblatt*, Der Tyrann. Shakespeares Machtkunde für das 21. Jahrhundert, München 2018, S. 155–172.

## 9. Leben nach der Schlacht

Wenn die Waffen doch nur so beschaffen wären, daß sie sich unvermittelt und sofort gegen jeden richteten, der sie einsetzte, schrieb Elias Canetti. Die Waffen müssten ein Eigenleben führen, launisch sein, und die Menschen müssten sich vor den Instrumenten, die sie in ihrer Hand halten, mehr fürchten als vor den Feinden.[206] Mit der Gewalt hätte es dann bald ein Ende. Aber so ist es natürlich nicht. Wir sind es, die den Dingen einen Zweck und eine Richtung geben. Ins Verderben bringen wir uns selbst.

Am Anfang stand die Revolte, die alles zerstörte, am Ende die Tyrannei, die nichts als Gewaltherrschaft sein wollte und sein konnte, nachdem sich die Usurpatoren über Recht und Tradition hinweggesetzt und sich mit Terror gegen Widerstreben durchgesetzt hatten. Darin besteht das Dilemma der souveränen Diktatur, wie es sich in der russischen Revolution auf einzigartige Weise offenbart hat: daß sie nämlich Recht nicht nur nach Belieben setzt, sondern es auch nach Belieben verletzt. Die Diktatur aber kann den Bürgerkrieg nicht unbegrenzt fortsetzen, wenn sie sich nicht selbst aufs Spiel setzen will. Sie muß aufhören, Diktatur zu sein, die Ordnung sich wieder in Tradition und Form verwurzeln, um Anerkennung und Legitimation zu finden. Erst wenn die Machthaber erschöpft sind, wenn sie begreifen, daß Tradition und Herkommen, nicht Terror und Gewalt, die eigentliche Grundlage dauerhafter Herrschaft sind, kommt ihnen zu Bewußtsein, worauf ihre Existenz eigentlich beruht. Es scheint ihnen nun, als sei die gewaltsame Zerstörung, die unablässige Selbstrevolutionierung, der sie selbst psychische und physische Opfer hatten bringen müssen, völlig vergeblich gewesen. Stalins Nachfolger jedenfalls waren müde geworden, und sie hatten begriffen, daß der Terror auch ihnen selbst nur Schaden zufügte.[207]

---

[206] *Elias Canetti*, Aufzeichnungen 1942–1972, 2. Aufl., Frankfurt am Main 1979, S. 16.
[207] Vgl. exemplarisch die Erinnerungen von Nikita Chruschtschow und Anastas Mikojan, die unter Stalin Mitglieder des Politbüros gewesen waren: Chruschtschow erinnert sich, hrsg. von *Strobe Talbott*, Reinbek bei Hamburg 1971, S. 348–359; *Anastas Mikojan*, Tak bylo. Razmyšlenija o minuvšem, Moskva 1999, S. 589–596.

## 9. Leben nach der Schlacht

Revolutionen und Kriege zerstören das Lebensgefüge und verschieben das moralische Koordinatensystem, in dem Menschen zu Hause sind. Am Anfang steht der Versuch, das Leben zu entwurzeln, und am Ende obsiegt die bittere Einsicht, daß der Bildersturm umsonst gewesen ist. Denn nach der großen Schlacht wird sogar den Vollstreckern zu bewußt, daß sich die verwüsteten Seelen, die Entwurzelten und Haltlosen nach nichts anderem sehnen als nach Mythen, Traditionen und Gewißheiten, und daß auch sie selbst einen Gewinn davon haben, wenn sie ihr Recht, zu herrschen, aus Überkommenem herleiten. Der Angriff führt uns stets nur zu neuen Ufern, an neue Grenzen, an Abgründe, die wir noch nicht gesehen haben. Die Rebellion gegen die Tatsachen aber ist sinnlos. In Wahrheit halten die Ketten, an die jede Existenz geschmiedet ist, das Leben in der Verankerung. Man kann sie ölen, geschmeidiger machen, aber man kann sich ihrer nicht entledigen. Man müsste sich sonst selbst wegwerfen. Odo Marquardt hat über die Geschichtsphilosophen gesagt, sie hätten die Welt nur verschieden verändert, aber es komme eigentlich darauf an, sie zu verschonen.[208]

Die Revolution unterbricht die Kontinuität und setzt neue Zwecke in die Welt. Sie ist aber auch die große Zerstörerin, die Wunden schlägt und Seelen verletzt. Millionen Menschen waren verhungert, Millionen vertrieben oder getötet worden, und als die Überlebenden zur Besinnung gekommen waren, erkannten sie, daß sie umsonst gelitten hatten. In den Landschaften, die von den Schlachten verwüstet worden sind, fühlt sich niemand heimisch. Man setzt alles aufs Spiel, und am Ende bekommt man, was auch ohne Blut und Tränen erreichbar gewesen wäre. Der Aufwand, der betrieben werden muß, um die Wunden zu heilen, ist größer als der Gewinn, den die Menschen von der Gewalt haben. Und in den meisten Fällen ist das, was der Revolution

---

[208] *Odo Marquardt*, Schwierigkeiten mit der Geschichtsphilosophie. Aufsätze, 6. Aufl., Frankfurt am Main 2017 (erstmals 1973 erschienen), S. 81; *Jörg Baberowski*, Heimat ist dort, wo man ohne Worte verstanden wird, in: Michael Kühnlein (Hrsg.), konservativ?! Miniaturen aus Kultur, Politik und Wissenschaft, Berlin 2019, S. 71.

## 9. Leben nach der Schlacht

folgt, kaum weniger autoritär als das, was sie beseitigt hat. Denn die neue Ordnung bedarf der Verankerung mehr als die alte, weil sie sich nur auf den Willen, nicht aber auf Tradition und Herkommen berufen kann. Irgendwann kommt die Zeit der Besinnung. Auf den Sturz ins Bodenlose folgt der Versuch, dem Gewaltakt eine Rechtsform zu geben und ihn in eine Tradition einzufügen. Man beruft sich auf Herkommen und den Mythos der Versöhnung, als ob es die Zeit der Zerstörung niemals gegeben hätte.

Die Wiederkehr des ewig Gleichen zeigt uns die Vergeblichkeit aller Versuche, das Leben in den Modus permanenter Selbstrevolutionierung zu zwingen. Jedem Zerstörungsakt folgt der Versuch, dem Leben eine Statik zu geben, die es dauerhaft trägt. Und meistens zeigt sich im neuen Haus vom alten mehr als man glaubt. „Der Zwingherr fiel, aber der substantiellste Teil seines Werkes blieb bestehen", so Tocqueville über die Folgen der Französischen Revolution. „Als seine Regierung tot war, lebte seine Verwaltung fort, und sooft man später die absolute Gewalt zu stürzen versuchte, begnügte man sich stets, den Kopf der Freiheit auf einen servilen Rumpf zu setzen."[209] Denn die Erben der Revolution müssen Erreichtes absichern und legitimieren. Auf die Zerstörung des Alten kann sich das Neue nicht länger berufen. Stalins Nachfolger legitimierten ihre Herrschaft wieder im Verweis auf Tradition und Herkommen, auf Lenin, den Staatsgründer, dem sie nun ein menschliches Antlitz gaben, und auf die Autorität dessen, was einfach da war. Auf die Inszenierung und Überwindung des Ausnahmezustandes waren sie nicht mehr angewiesen, weil sie sich ihrer Macht sicher sein konnten. Und so kehrten die Bolschewiki staatsrechtlich zu einem Zustand zurück, den ihre Diktatur im Jahr 1917 zu überwinden versucht hatte.

Der Furor war umsonst gewesen. Auf leisen Sohlen schleicht sich die Gegenrevolution in den Alltag und läßt die Menschen vergessen, wozu die Revolution vor Jahrzehnten in das Leben

---

[209] *Tocqueville*, Der alte Staat und die Revolution, S. 204.

getreten war. Man entledigt sich des Zaren und seines Adels, nur um sich 50 Jahre später Leonid Breschnjew, der plebejischen Variante Alexanders III., und seiner Nomenklatura zu unterwerfen. Von der revolutionären Leidenschaft bleibt nichts, nur die Hoffnung auf ein gutes Leben, das man auch ohne Revolution hätte erreichen können. Alexander Babuschkin, ein Arzt aus Saratow, sagte dem amerikanischen Historiker Donald Raleigh über sein Leben in den sechziger und siebziger Jahren des 20. Jahrhunderts: „Wir hatten ein stabiles, normales Leben. Jeder machte seine eigene Sache. Es gab keine Illusionen, keine Veränderungen. Wir lebten, wir arbeiteten, wir erholten uns, wir lasen, wir gingen ins Kino. Unser Leben veränderte sich nicht, aber es war vorhersehbar, es war stabil, und es gab keine Furcht."[210]

Es gibt keine Ordnung, die sich nur durch den Willen zur Veränderung, durch den unaufhörlichen Sturm zu neuen Ufern zusammenhalten ließe. Denn das Leben der Menschen ist kurz. Es ist nicht bedingungslos, weil es sich in einem schon vorhandenen Zusammenhang entfaltet, und es hat ein unvorhergesehenes Ende. Vor uns gab es Menschen, und wir sind ihre Erben. Herkunft und Tradition helfen uns, mit dem Leben zurecht zu kommen, weil wir nicht die Kraft und die Zeit haben, alles neu ins Werk zu setzen. „So sind die Menschen", schreibt Marquard „– weil jeder einzelne von ihnen spät kommt und früh geht – zeitknapp: Die knappste unter allen Ressourcen ist unsere Lebenszeit. Dadurch werden wir auf unsere Herkunft zurückverwiesen: Wir haben einfach nicht die Zeit, alle oder auch nur die meisten Dinge unseres Lebens neu zu regeln; wir haben einfach nicht die Zeit, unserer Herkunft durch Änderung und Novellierung unserer Lebensformen beliebig weit zu entkommen. Denn unser Tod ist stets schneller als die meisten unserer Änderungen ... Darum müssen wir herkömmlich leben: wir müssen stets

---

[210] *Donald Raleigh*, Soviet Baby Boomers. An Oral History of Russia's Cold War Generation, Oxford 2012, S. 237. Zum Wandel unter Chruschtschow vgl. *William Taubman*, Khrushchev. The Man and his Era, New York 2003, S. 270–324.

überwiegend das bleiben, was wir schon waren; unsere Veränderungen werden getragen durch unsere Nichtveränderungen; Neues ist nicht möglich ohne viel Altes; Zukunft braucht Herkunft."[211]

Menschen sind langsam. Diese Einsicht bricht sich gewöhnlich erst Bahn, wenn die Zerstörung vollbracht worden ist, wenn die Wellen der Hybris am Deich der Tradition unaufhörlich gebrochen werden. So könnte man die Geschichte der Revolution auch schreiben: als Vollzug eines Geschehens, das Hegel „List der Vernunft" genannt hat. „Das ist die List der Vernunft zu nennen, daß sie die Leidenschaften für sich wirken läßt, wobei das, durch was sie sich in Existenz setzt, einbüßt und Schaden leidet."[212] Man läuft ins Offene, aber kurz vor dem Abgrund öffnen sich die Augen, und man versteht, daß mit dem Leben spielt, wer nichts gelten lassen will als Veränderung und Neuerung. Die Diskontinuität verlangt nach der Kontinuität, weil Lebensordnungen porös werden und durch Berufung auf das Herkommen abgestützt werden müssen. Manchmal wird auch Altes wieder zu Neuem, weil man sich daran erinnert, daß Bewahrenswertes verloren gegangen ist. Je heftiger die Ausschläge, desto umfassender die kulturelle Absicherung, die Belebung des Uralten, Mythischen, die dem Sprung ins Ungewisse folgt.[213]

In seinem Roman „Eine Straße in Moskau" beschreibt Michail Ossorgin in wenigen Worten, worin für ihn die Essenz der Revolution begründet lag. „Die neuen Menschen hatten sich vom Glauben befreit, aber vielleicht schien es ihnen auch nur so. Zweifellos schien es ihnen nur so. Es gab einen Glauben, und dieser war naiv: der Glaube an die unselige Macht einer Browning, eines Nagants oder Colts, an die Macht der raschen Hand-

---

[211] *Marquard*, Zukunft braucht Herkunft, S. 70–71.
[212] *Georg Wilhelm Friedrich Hegel*, Vorlesungen über die Philosophie der Geschichte, in: ders., Werke in zwanzig Bänden, Bd. 12, Frankfurt am Main 1970, S. 49.
[213] *Gerd Koenen*, Die Farbe Rot. Ursprünge und Geschichte des Kommunismus, München 2017, S. 52.

lung. Woher hätten sie denn wissen sollen, daß das Gras in Übereinstimmung mit unabänderlichen Gesetzen wächst, daß die Überzeugung eines Menschen sich nicht beugen läßt, indem man ihn zwingt, den Kopf zu beugen, daß man Glauben oder Unglauben nicht mit einer Kugel einhämmern kann."[214]

Die Menschen können nicht davon lassen, es immer wieder zu versuchen und zu den Waffen zu greifen, und sie machen immer wieder die Erfahrung, daß es sich nicht gelohnt hat. Denn der erste Schuß öffnet nicht das Tor zum Paradies. „Die Welt ist verflucht und wurde für mich wüst und leer in einer Stunde", lässt Boris Sawinkow sein Alter Ego, den Terroristen George, in seinem Roman „Das fahle Pferd" sagen.[215] Alles Leben nach der Gewalt besteht darin, damit zurechtzukommen.

---

[214] *Michail Ossorgin*, Eine Straße in Moskau, Berlin 2015 (erstmals Paris 1928), S. 323.
[215] *Boris Sawinkow*, Das fahle Pferd. Roman eines Terroristen, Berlin 2015, S. 183.

# Literaturverzeichnis

*Abraham,* Richard, Alexander Kerensky. The First Love of the Revolution, New York 1987.

*Agamben,* Giorgio, Homo sacer. Die souveräne Macht und das nackte Leben, Frankfurt am Main 2002.

*Agamben,* Giorgio, Ausnahmezustand. Homo sacer II.1, Frankfurt am Main 2004.

*Altrichter,* Helmut, Rußland 1917. Ein Land auf der Suche nach sich selbst, Paderborn 1997.

*Arendt,* Hannah, Was ist Autorität?, in: dies., Zwischen Vergangenheit und Zukunft. Übungen im politischen Denken I, München 1994.

*Arendt,* Hannah, Vita Activa oder vom tätigen Leben, 6. Aufl., München 2007.

*Arendt,* Hannah, Macht und Gewalt, 18. Aufl., München 2008 (erstmals 1970).

*Arendt,* Hannah, Über die Revolution, München 2011 (erstmals London 1963).

*Baberowski,* Jörg, Autokratie und Justiz. Zum Verhältnis von Rechtsstaatlichkeit und Rückständigkeit im ausgehenden Zarenreich, 1864–1914, Frankfurt am Main 1994.

*Baberowski,* Jörg, Vertrauen durch Anwesenheit: Vormoderne Herrschaft im späten Zarenreich, in: ders./David Feest/Christoph Gumb (Hrsg.), Imperiale Herrschaft in der Provinz. Repräsentationen politischer Macht im späten Zarenreich, Frankfurt am Main 2008, S. 17–37.

*Baberowski,* Jörg, Verbrannte Erde. Stalins Herrschaft der Gewalt, München 2012.

*Baberowski,* Jörg, Erwartungssicherheit und Vertrauen: Warum manche Ordnungen stabil sind und andere nicht, in: ders. (Hrsg.), Was ist Vertrauen? Ein interdisziplinäres Gespräch, Frankfurt am Main 2014.

*Baberowski,* Jörg, Räume der Gewalt, 3. Aufl., Frankfurt am Main 2018.

*Baberowski,* Jörg, Die russische Revolution und das Ende des alten Europa, in: Jahrbuch für historische Kommunismusforschung, Berlin 2017, S. 2–29.

*Baberowski*, Jörg, Heimat ist dort, wo man ohne Worte verstanden wird, in: Michael Kühnlein (Hrsg.), konservativ?! Miniaturen aus Kultur, Politik und Wissenschaft, Berlin 2019.

*Baberowski*, Jörg, Diktatur und Gewalt, in: Johannes Hürter/Hermann Wentker (Hrsg.), Diktaturen. Perspektiven der zeithistorischen Forschung, Berlin 2019.

*Bakunin*, Michail, Staatlichkeit und Anarchie und andere Schriften, Frankfurt am Main 1972 (erstmals Zürich 1873).

*Benua*, Aleksandr, Moi dnevnik. 1916–1917–1918, Moskva 2003.

*Berdjajew*, Nikolai, Das neue Mittelalter. Betrachtungen über das Schicksal Russlands und Europas, Darmstadt 1927.

*Berlin*, Isaiah, Der Igel und der Fuchs, in: ders., Russische Denker, Frankfurt am Main 1981, S. 51–123.

*Berlin*, Isaiah, Herzen und Bakunin über die Freiheit des Einzelnen, in: ders., Russische Denker, Frankfurt am Main 1981, S. 124–163.

*Berlin*, Isaiah, Zwei Freiheitsbegriffe, in: ders., Freiheit. Vier Versuche, Frankfurt am Main 2006 (erstmals Oxford 1969).

*Blok*, Aleksandr, Poslednie dni starogo režima, in: Archiv russkoj revoljucii 4 (1922), S. 5–54.

*Bohn*, Anna/*Lindenberger*, Thomas, Die Oktoberrevolution und ihre Bilder in den Köpfen, in: Jahrbuch für Historische Kommunismusforschung (2017), S. 148–168.

*Bredekamp*, Horst, Der Behemoth. Metamorphosen des Anti-Leviathan, Berlin 2016.

*Brinton*, Crane, Anatomie der Revolution, Wien 2017 (erstmals 1965 erschienen).

*Bublikov*, Alexandr, Russkaja revoljucija. Vpetčatlenija i mysli očevidca i učastnika, Moskva 2016 (erstmals New York 1918).

*Bubnov*, Alexandr, V carskoj stavke. Vospominanija admirala Bubnova, New York 1955.

*Bucharin*, Nikolaj, Programm der Kommunisten, Berlin 1919.

*Buldakov*, Vladimir, Krasnaja smuta. Priroda i posledstvija revoljucionnogo nasilija, Moskva 2010.

*Bunin*, Iwan, Verfluchte Tage. Ein Revolutions-Tagebuch, Frankfurt am Main 2008.

*Burckhardt*, Jacob, Historische Fragmente, Stuttgart 1942.

*Burckhardt*, Jacob, Weltgeschichtliche Betrachtungen. Mit einem Nachwort von Jürgen Osterhammel, München 2018.

*Burdzhalov,* Eduard, Russia's Second Revolution. The February 1917 Uprising in Petrograd, Bloomington/Ind. 1987.

*Campagna,* Norbert, Carl Schmitt. Eine Einführung, Berlin 2004.

*Canetti,* Elias, Masse und Macht, Hamburg 1960.

*Canetti,* Elias, Aufzeichnungen 1942–1972, 2. Aufl., Frankfurt am Main 1979.

*Chartier,* Roger, Die kulturellen Ursprünge der Französischen Revolution, Frankfurt am Main 1995.

*Chruschtschow,* Nikita, Chruschtschow erinnert sich, hrsg. von Strobe Talbott, Reinbek bei Hamburg 1971.

*Chugurin,* Ivan, The Memoirs of Ivan Chugurin, in: Revolutionary Russia 24 (2011), S. 1–12.

*Čičerin,* Boris, Vstupitel'naja lekcija po gosudarstvennomu pravu, čitannaja v Moskovskom universitete 28 oktjabrja 1861 goda, in: ders., Filosofija prava, S.-Peterburg 1998, S. 372–383.

*Clark,* Katerina, Petersburg. Crucible of Cultural Revolution, Cambridge/Mass. 1996.

*Coltman,* Irene, Private Men and Public Causes. Philosophy and Politics in the English Civil War, London 1962.

*Corney,* Frederick C., Telling October. Memory and the Making of the Bolshevik Revolution, Ithaca/N.Y. 2004.

*Dahl,* Robert A., The Concept of Power, in: Behaviorial Science 2 (1957), Nr. 3. S. 201–215.

*Daniloff,* Jurij, Dem Zusammenbruch entgegen. Ein Abschnitt aus der letzten Epoche der russischen Monarchie, Hannover 1927.

*Donoso Cortés,* Juan, Drei Reden. Über die Diktatur. Über Europa. Über die Lage Spaniens, Zürich 1948.

*Dostojewski,* Fjodor, Die Brüder Karamasow. Neu übersetzt von Swetlana Geier, 5. Aufl., Frankfurt am Main 2015.

*Dunkhase,* Jan Eike (Hrsg.), Reinhart Koselleck. Carl Schmitt, Der Briefwechsel 1953–1983 und weitere Materialien, Berlin 2019.

*Eagleton,* Terry, Kultur, Berlin 2017.

*Engelstein,* Laura, Russia in Flames. War, Revolution, Civil War 1914–1921, Oxford 2018.

*Eschenburg,* Theodor, Über Autorität, Frankfurt am Main 1976.

*Faleev,* Nikolaj, Šest' mesjacev voenno-polevoj justicii. Očerk, in: Byloe (1907), Nr. 14, S. 43–81.

*Ferro*, Marc, October 1917. A Social History of the Russian Revolution, London 1980.

*Figes*, Orlando, Die Tragödie eines Volkes. Die Epoche der russischen Revolution 1891 bis 1924, Berlin 1998.

*Forsthoff*, Ernst, Der Staat der Industriegesellschaft. Dargestellt am Beispiel der Bundesrepublik Deutschland, 2. Aufl., München 1971.

*Fuller*, William C., Civil-Military Conflict in Imperial Russia. 1881-1914, Princeton/N.J. 1984.

*Furet*, François, Die Französische Revolution, Frankfurt am Main 1968, S. 84-123.

*Furet*, François, Das Ende der Illusion. Der Kommunismus im 20. Jahrhundert, 2. Aufl., München 1996.

*Gadamer*, Hans-Georg, Wahrheit und Methode. Grundzüge einer philosophischen Hermeneutik, 6. Aufl., Tübingen 1990.

*Gehlen*, Arnold, Moral und Hypermoral. Eine pluralistische Ethik, 6. Aufl., Frankfurt am Main 2004.

*Gercen*, Aleksandr, Polnoe Sobranie Sočinenij, Bd. 14, Moskva 1958.

*Geršenzon*, Michail, Schöpferische Selbsterkenntnis, in: Vechi. Wegzeichen. Zur Krise der russischen Intelligenz, Frankfurt am Main 1990.

*Giddens*, Anthony, Konsequenzen der Moderne, Frankfurt am Main 1996.

*Graeber*, David, Bürokratie. Die Utopie der Regeln, Stuttgart 2016.

*Greenblatt*, Stephen, Der Tyrann. Shakespeares Machtkunde für das 21. Jahrhundert, München 2018.

*Groh*, Ruth, Arbeit an der Heillosigkeit der Welt. Zur politisch-theologischen Mythologie und Anthropologie Carl Schmitts, Frankfurt am Main 1998.

*Gučkov*, Aleksandr, Aleksandr Ivanovič Gučkov rasskazyvaet ... Vospominanija predsedatelja gosudarstvennoj dumy i voennogo ministra vremenogo pravitel'stva, Moskva 1993.

*Gurko*, Wladimir, Features and Figures of the Past. Government and Opinion in the Reign of Nicholas II., Stanford/CA 1939.

*Hamacher*, Hendrik, Carl Schmitts Theorie der Diktatur und der intermediären Gewalten, Neuried 2001.

*Harcave*, Sidney, Count Serge Witte and the Twilight of Imperial Russia: A Biography, New York 2004.

*Hasegawa*, Tsuyoshi, The February Revolution: Petrograd 1917, Seattle/Washington 1981.

*Hegel,* Georg Friedrich Wilhelm, Vorlesungen über die Ästhetik. Werke in 20 Bänden, Bd. 13, Frankfurt am Main 1970.

*Hegel,* Georg Friedrich Wilhelm, Die Vernunftansicht der Weltgeschichte, in: ders., Recht, Staat, Geschichte. Eine Auswahl aus seinen Werken, 7. Aufl., Stuttgart 1970.

*Hegel,* Georg Wilhelm Friedrich, Vorlesung über die Philosophie der Geschichte. Werke in 20 Bänden, Bd. 12, Frankfurt am Main 1985.

*Hegel*, Georg Wilhelm Friedrich, Phänomenologie des Geistes, in: ders., Hauptwerke in sechs Bänden, Bd. 2, Hamburg 1999.

*Heidegger,* Martin, Die Grundbegriffe der Metaphysik. Welt-Endlichkeit-Einsamkeit. Martin Heidegger Gesamtausgabe, Bd. 29/30, 2. Aufl., Frankfurt am Main 1992.

*Hidalgo,* Oliver, Der Leviathan zwischen „demokratischer" Zähmung und „totaler" Entgrenzung. Schmitt, Hobbes und der Ausnahmezustand als staatstheoretische Herausforderung, in: Rüdiger Voigt (Hrsg.), Ausnahmezustand. Carl Schmitts Lehre von der kommissarischen Diktatur, Baden-Baden 2013, S. 58–82.

*Hindrichs,* Gunnar, Philosophie der Revolution, Berlin 2017.

*Hobbes,* Thomas, Leviathan, oder Stoff, Form und Gewalt eines bürgerlichen und kirchlichen Staates, Frankfurt am Main 1976.

*Hoch,* Steven L., Serfdom and Social Control. Petrovskoe, a village in Tambov, Chicago 1986.

*Höffe,* Ottfried, Thomas Hobbes, München 2010.

*Hume,* David, Über die ursprünglichen Prinzipien der Regierung, in: ders., Politische und ökonomische Essays, Bd. 1, Hamburg 1988.

*Itenberg,* Boris/*Tvardovskaja,* Valentina (Hrsg.), Graf M. T. Loris-Melikov i ego sovremenniki, Moskva 2004.

*Jäger,* Lorenz, Walter Benjamin. Das Leben eines Unvollendeten, Berlin 2017.

*Katkov,* George, The Kornilov-Affair: Kerensky and the Break-Up of the Russian Army, London 1980.

*Keenan,* Edward, Muscovite Political Folkways, in: The Russian Review 45 (1986), S. 115–181.

*Keep,* John, The Russian Revolution. A Study in Mass Mobilization, London 1976.

*Kesting,* Hanno, Lenin, in: Alfred Weber, Einführung in die Soziologie, München 1955, S. 120–143.

*Kirchheimer,* Otto, Zur Staatslehre des Sozialismus und Bolschewismus, in: Zeitschrift für Politik 17 (1928), S. 593–611.

*Koenen,* Gerd, Die Farbe Rot. Ursprünge und Geschichte des Kommunismus, München 2017.

*Kolonickij,* Boris, „Tragičeskaja erotika". Obrazy imperatorskoj sem'i v gody pervoj mirovoj vojny, Moskva 2010.

*Kolonickij,* Boris, „Tovarišč Kerenskij". Antimonarchičeskaja revoljucija i formirovanie kulta „vožda naroda". Mart-ijun' 1917 goda, Moskva 2017.

*Kondylis,* Panajotis, Macht und Entscheidung. Die Herausbildung der Weltbilder und die Wertefrage, Stuttgart 1984.

*Koni,* Anatoli Fedorovič, Predstavlenie Aleksandru III v Gatčine, in: ders., Sobranie Sočinenij, Bd. 2, Moskva 1966, S. 348–354.

*Koni,* Anatolij Fedorovič, Graf M.T. Loris-Melikov, in: ders., Sobranie sočinenij, Bd. 5, Moskva 1968, S. 184–216.

*Kopp-Oberstebrink,* Herbert/*Palzhoff,* Thorsten/*Tremel,* Martin (Hrsg.), Jacob Taubes – Carl Schmitt. Briefwechsel mit Materialien, München 2012.

*Kopp-Oberstebrink,* Herbert/*Tremel,* Martin (Hrsg.), Hans Blumenberg – Jacob Taubes, Briefwechsel 1961–1981, Berlin 2013.

*Koselleck,* Reinhart, Kritik und Krise. Eine Studie zur Pathogenese der bürgerlichen Welt, Frankfurt am Main 1973.

*Kotkin,* Stephen, Stalin, Bd., 1: Paradoxes of Power, London 2014.

*Lazar,* Nomi Claire, Decision and Decisionism, in: David Bessner/Nicolas Guilhot (Hrsg.), The Decisionist Imagination. Sovereignty, Social Science, and Democracy in the 20th Century, New York 2019, S. 109–134.

*Lenin,* Wladimir I., Die proletarische Revolution und der Renegat Kautsky, in: ders., Ausgewählte Werke, Bd. 3, 8. Aufl., Berlin (Ost) 1970, S. 69–163.

*Lenin,* Wladimir I., I. Kongreß der Kommunistischen Internationale 2.–6. März 1919. Thesen und Referat über bürgerliche Demokratie und Diktatur des Proletariats, in: ders., Ausgewählte Werke, Bd. 3, 8. Aufl., Berlin (Ost) 1970, S. 164–180.

*Leonhard,* Jörn, Über Revolutionen, in: Journal of Modern European History 11 (2013), S. 170–185.

*Lewin,* Moshe, The Civil War. Dynamics and Legacy, in: Diane Koenker/William Rosenberg (Hrsg.), Party, State, and Society in the Russian Civil War. Explorations in Social History, Bloomington/Ind. 1989, S. 399–423.

Literaturverzeichnis 119

*Lieven,* Dominic, Nicholas II. Emperor of all the Russias, London 1993.

*Lih,* Lars, Lenin Rediscovered, Chicago 2008.

*Lincoln,* W. Bruce, In the Vanguard of Reform. Russia's Enlightened Bureaucrats 1825–1861, DeKalb/Ill. 1982.

*Lomonosov,* Jurij, Vospominanija o martovskoj revoljucii, Stockholm 1921.

*Löwith,* Karl, Weltgeschichte und Heilsgeschehen. Die theologischen Voraussetzungen der Geschichtsphilosophie, Stuttgart 2004.

*Luhmann,* Niklas, Macht im System, Frankfurt am Main 2012.

*Luhmann,* Niklas, Der neue Chef, Berlin 2016.

*Lyandres,* Semion, The Fall of Tsarism. Untold Stories of the February 1917 Revolution, Oxford 2013.

*Machiavelli,* Niccolo, Der Fürst, 6. Aufl., Stuttgart 1978.

*Maistre,* Joseph de, Betrachtungen über Frankreich. Über den schöpferischen Urgrund der Staatsverfassungen, Berlin 1924.

*Maistre,* Joseph de, Von der Souveränität. Ein Anti-Gesellschaftsvertrag, Berlin 2002.

*Maklakov,* Vasilij, Kanun revoljucii, in: Novyj Žurnal 14 (1946), S. 306–314.

*Malaparte,* Curzio, Technik des Staatsstreichs, Karlsruhe 1968.

*Marquard,* Odo, Zukunft braucht Herkunft. Philosophische Betrachtungen über Modernität und Menschlichkeit, in: ders., Philosophie des Stattdessen, Stuttgart 2000, S. 66–78.

*Marquardt,* Odo, Schwierigkeiten mit der Geschichtsphilosophie. Aufsätze, 6. Aufl., Frankfurt am Main 2017 (erstmals 1973 erschienen).

*McDaniel,* Tim, Autocracy, Modernization, and Revolution in Russia and Iran, Princeton/N.J. 1991.

*Meier,* Heinrich, Die Lehre Carl Schmitts. Vier Kapitel zur Unterscheidung Politischer Theologie und Politischer Philosophie, Stuttgart 1994.

*Mikojan,* Anastas, Tak bylo. Razmyšlenija o minuvšem, Moskva 1999.

*Miljukov,* Pavel, Istorija vtoroj russkoj revoljucii, Moskva 2001.

*Miljukov,* Pavel, Vospominanija, Moskva 2001.

*Mironov,* Boris, Social'naja istorija Rossii, Bd. 1, S.-Peterburg 1999.

*Mommsen,* Wolfgang J., 1848. Die ungewollte Revolution. Die revolutionären Bewegungen in Europa 1830–1840, Frankfurt am Main 1998.

*Moon,* David, The Russian Peasantry 1600–1930. The World the Peasants Made, London 1999.

*Mordvinov*, Alexandr, Otryvki iz vospominanij, in: Russkaja Letopis' 5 (1923), S. 67–177.

*Mstislavskij*, Sergej, Pjat dnej. Načalo i konec fevrals'skoj revoljucii, Moskva 1917 (erstmals Berlin 1922).

*Müller*, Jan-Werner, Das demokratische Zeitalter. Eine politische Ideengeschichte Europas im 20. Jahrhundert, Berlin 2013.

*Nabokov*, Nicolas, Bagazh. Memoirs of a Russian Cosmopolitan, New York 1975.

*Nabokow*, Wladimir, Petrograd 1917. Der kurze Sommer der Revolution, Berlin 1992 (erstmals erschienen im Archiv Russkoj Revoljucii, Bd. 1, Berlin 1922, S. 9–96).

*Naryškina*, Elisaveta, Moi vospominanija pod vlast'ju trech carej, Moskva 2014.

*Neumann*, Franz, Notizen zur Theorie der Diktatur, in: ders., Demokratischer und autoritärer Staat, Frankfurt am Main 1986, S. 224–247.

*Nietzsche*, Friedrich, Die fröhliche Wissenschaft, in: ders., Werke in sechs Bänden, Bd. 3, 5. Aufl., München 1980, S. 9–274.

*Nietzsche*, Friedrich, Zur Genealogie der Moral. Eine Streitschrift, in: ders., Werke in sechs Bänden, Bd. 4, 5. Aufl., München 1980, S. 763–900.

*Nietzsche*, Friedrich, Also sprach Zarathustra. Ein Buch für alle und keinen, in: ders., Werke, Bd. 3, 5. Aufl., München 1980, S. 277–561.

*Nippel*, Wilfried, Carl Schmitts „kommissarische" und „souveräne" Diktatur. Französische Revolution und römische Vorbilder, in: Harald Bluhm/Karsten Fischer/Marcus Llanque (Hrsg.), Ideenpolitik. Geschichtliche Konstellationen und gegenwärtige Konflikte, Berlin 2011, S. 105–139.

*Nützenadel*, Alexander, Faschismus als Revolution? Politische Sprache und revolutionärer Stil im Italien Mussolinis, in: Dipper, Christof/Klinkhammer, Lutz/Nützenadel, Alexander (Hrsg.), Europäische Sozialgeschichte. Festschrift für Wolfgang Schieder, Berlin 2000, S. 21–40.

*Obolenskij*, Vladimir, Moja žizn' i moi sovremenniki. Vospominanija 1869–1920, Bd. 2, Moskva 2017.

*Ortega y Gasset*, José, Der Aufstand der Massen, Stuttgart 2002 (erstmals Madrid 1930).

*Ossorgin*, Michail, Eine Straße in Moskau, Berlin 2015 (erstmals Paris 1928).

*Paléologue*, Maurice, Am Zarenhof während des Weltkrieges. Tagebücher und Betrachtungen, 2 Bde., München 1926.

*Pethybridge*, Roger, The Social Prelude to Stalinism, London 1974.

*Pipes,* Richard, Die russische Revolution, Bd. 1: Der Zerfall des Zarenreiches, Berlin 1992.

Pis'ma Pobedonosceva Aleksandru III., Bd. 1, Moskva 1925.

*Plotnikov,* Nikolaj, Staat und Individuum. Antagonismen der russischen Ideengeschichte, in: Osteuropa 59 (2009), Nr. 4, S. 3–16.

*Pokrovskij,* Nikolaj, Poslednij v Mariinskom dvorce: Vospominanija Ministra Innostrannych del, Moskva 2015.

*Popitz,* Heinrich, Phänomene der Macht, 2. Aufl., Tübingen 1992.

*Raleigh,* Donald, Soviet Baby Boomers. An Oral History of Russia's Cold War Generation, Oxford 2012.

*Reed,* John, Ten Days that Shook the World, London 2007 (erstmals New York 1919).

*Reemtsma,* Jan-Philipp, Die Gewalt spricht nicht, in: ders., Die Gewalt spricht nicht. Drei Reden, Stuttgart 2002 S. 7–46.

*Reemtsma,* Jan-Philipp, Vertrauen und Gewalt. Versuch über eine besondere Konstellation der Moderne, Hamburg 2008.

*Reemtsma,* Jan-Philipp, Machtergreifung als konkrete Utopie oder Was heißt schon „Symbolpolitk"?, in: Berliner Colloquien zur Zeitgeschichte. Beilage zum Mittelweg 36 (2016), Nr. 1, S. 79–98.

*Ritter,* Joachim, Hegel und die Französische Revolution, Frankfurt am Main 1965.

*Rousseau,* Jean-Jacques, Vom Gesellschaftsvertrag, oder Grundsätze des Staatsrechts, Stuttgart 1977.

*Sabrow,* Martin (Hrsg.), 1989 und die Rolle der Gewalt, Göttingen 2012.

*Sawinkow,* Boris, Das fahle Pferd. Roman eines Terroristen, Berlin 2015.

*Schmitt,* Carl, Gespräche über die Macht und den Zugang zum Machthaber, Stuttgart 2008 (erstmals erschienen Pfullingen 1954).

*Schmitt,* Carl, Donoso Cortés in gesamteuropäischer Interpretation. Vier Aufsätze, 2. Aufl., Berlin 2009 (erstmals Köln 1950).

*Schmitt,* Carl, Legalität und Legitimität, 8. Aufl., Berlin 2012.

*Schmitt,* Carl, Der Leviathan in der Staatslehre des Thomas Hobbes. Sinn und Fehlschlag eines politischen Symbols, 5. Aufl., Stuttgart 2015 (erstmals Hamburg 1938).

*Schmitt,* Carl, Es captivitate salus. Erfahrungen der Zeit 1945/47, 4. Aufl., Berlin 2015.

*Schmitt,* Carl, Politische Theologie. Vier Kapitel zur Lehre von der Souveränität, 10. Aufl., Berlin 2015 (erstmals 1922).

*Schmitt*, Carl, Die Diktatur. Von den Anfängen des modernen Souveränitätsgedankens bis zum proletarischen Klassenkampf, 8. Aufl., Berlin 2015 (erstmals 1921).

*Schmitt*, Carl, Die geistesgeschichtliche Lage des heutigen Parlamentarismus, 10. Aufl., Berlin 2017 (erstmals 1923).

*Schmitt*, Carl, Theorie des Partisanen. Zwischenbemerkung zum Begriff des Politischen, 8. Aufl., Berlin 2017 (erstmals 1963).

*Scott*, James, Die Mühlen der Zivilisation. Eine Tiefengeschichte der frühesten Staaten, 2. Aufl., Berlin 2019.

*Seibel*, Wolfgang, Verwaltung verstehen. Eine theoriegeschichtliche Einführung, 3. Aufl., Berlin 2017.

*Sennett*, Richard, Autorität, Frankfurt am Main 1985.

*Simmel*, Georg, Die Selbsterhaltung der sozialen Gruppe, in: ders., Gesamtausgabe, Bd. 5: Aufsätze und Abhandlungen 1894–1920, Frankfurt am Main 1992.

*Skinner*, Quentin, Thomas Hobbes und die Person des Staates, Berlin 2017.

*Šklovskij*, Viktor, Sentimentale Reise, Frankfurt am Main 1974.

*Sloterdijk*, Peter, Die schrecklichen Kinder der Neuzeit. Über das Anti-genealogische Experiment der Moderne, Berlin 2014.

*Smele*, Jonathan, The „Russian" Civil Wars. 1916–1926. Ten Years that Shook the World, London 2015.

*Smith*, Steve, Russia in Revolution. An Empire in Crisis, 1890 to 1928, Oxford 2017.

*Soeffner*, Hans-Georg, Zur Soziologie des Symbols und des Rituals, in: ders., Gesellschaft ohne Baldachin. Über die Labilität von Ordnungskonstruktionen, Weilerswist 2000.

*Solschenizyn*, Alexander, Lenin in Zürich, Bern 1977.

*Sorel*, Georges, Über die Gewalt, Frankfurt am Main 1981 (erstmals Paris 1908).

*Sorokin*, Pitirim, Leaves from a Russian Diary, New York 1924.

*Stadelmann*, Matthias, „Man spürt jetzt etwas völlig Neues": General Graf Loris-Melikovs Bemühungen um eine reformierte Autokratie (1879–1881), in: Forum für osteuropäische Ideen- und Zeitgeschichte 15 (2011), S. 23–47.

*Steinberg*, Mark/*Khrustalev*, Vladimir (Hrsg.), The Fall of the Romanovs. Political Dreams and Personal Struggles in a Time of Revolution, New Haven/CT 1995.

*Stollberg-Rilinger*, Barbara, Rituale, Frankfurt am Main 2013.

*Strauss,* Leo, The Political Philosophy of Hobbes, Oxford 1936.

*Suchanov,* Nikolai, Zapiski o revoljucii, 3 Bde., Moskva 1991.

*Sunderland,* Willard, The Baron's Cloak. A History of the Russian Empire in War and Revolution, Ithaca/N.Y. 2014.

*Taubman,* William, Khrushchev. The Man and his Era, New York 2003.

*Taylor,* Charles, Ein säkulares Zeitalter, Frankfurt am Main 2009.

*Thunemann,* Fabian, Verschwörungsdenken und Machtkalkül. Herrschaft in Rußland, 1866–1953, Berlin 2019.

*Tichomirov,* Lev, Dnevnik 1915–1917 gg., Moskva 2008.

*Tjaželie dni.* Sekretnyja zasedanija Soveta Ministrov (16 ijulja–2 sentjabrja 1915 goda), in: Archiv Russkoj Revoljucii 18 (1926), S. 5–136.

*Tocqueville,* Alexis de, Der alte Staat und die Revolution, München 1978 (erstmals Paris 1856).

*Tolstoj,* Lew, Krieg und Frieden, Bd. 4, Frankfurt am Main 1982.

*Traverso,* Enzo, Im Bann der Gewalt. Der europäische Bürgerkrieg 1914–1945, München 2008.

*Trotzki,* Leo, Verratene Revolution. Was ist die Sowjetunion und wohin treibt sie?, Zürich 1957 (erstmals Antwerpen 1936).

*Trotzki,* Leo, Geschichte der russischen Revolution, Frankfurt am Main 1960.

*Trotzki,* Leo, Geschichte der russischen Revolution. Erster Teil: Februarrevolution, 2. Aufl., Frankfurt am Main 1982.

*Trotzki,* Leo, Geschichte der russischen Revolution, Zweiter Teil: Oktoberrevolution, Frankfurt am Main 1982.

*Verner,* Andrew, The Crisis of Autocracy. Nicholas II. and the Revolution of 1905, Princeton/N.J. 1990.

*Voigt,* Rüdiger, Ausnahmezustand. Carl Schmitts Lehre von der kommissarischen Dikatur, in: ders., (Hrsg.), Ausnahmezustand. Carl Schmitts Lehre von der kommissarischen Dikatur, Baden Baden 2013, S. 85–114.

*Vojekov,* Vladimir, S Carem i bez carja. Vospominanija poslednogo dvorcovogo komendanta gosudarja imperatora Nikolaja II, Moskva 2016 (erstmals Helsinki 1936).

*Weislo,* Frank, Tales of Imperial Russia: The Life and Times of Sergei Witte 1849–1915, Oxford 2011.

*Weber,* Alfred, Einführung in die Soziologie, München 1955.

*Weber,* Max, Wirtschaft und Gesellschaft. Grundriß der verstehenden Soziologie, 5. Aufl., Tübingen 1976.

*Whelan,* Heide, Alexander III. and the State Council. Bureaucracy and Counter-Reform in Late Imperial Russia, New Brunswick/N.J. 1982.

*Wildman,* Allan K., The End of the Russian Imperial Army. The Old Army and the Soldier's Revolt (March- April 1917), Princeton/N.J. 1980.

*Williams,* Bernard, Wahrheit und Wahrhaftigkeit, Frankfurt am Main 2003.

*Wortman,* Richard, Scenarios of Power. Myth and Ceremony in Russian Monarchy, 2 Bde, Princeton/N.J. 1995.

*Wurr,* Tim-Lorenz, Terrorismus und Autokratie. Staatliche Reaktionen auf den russischen Terrorismus 1870–1890, Paderborn 2017.

*Yurchak,* Alexei, Everything was Forever, until it was no more. The Last Soviet Generation, Princeton/N.J. 2006.

*Žižek,* Slavoj, Lenin heute. Erinnern, Wiederholen und Durcharbeiten, Darmstadt 2018.

## Personenregister

Agamben, Giorgio  6, 93
Alexander II.  25, 38, 42, 59, 80, 90, 95
Alexander III.  38, 40, 72, 90, 110
Alexei Nikolajewitsch (Thronfolger)  20
Arendt, Hannah  40, 73, 86

Babuschkin, Alexander  110
Bakunin, Michail  51
Beljajew, Michail  17
Benjamin, Walter  6
Benois, Alexander  24 f., 66
Berdjajew, Nikolai  88 f.
Blumenberg, Hans  5 f.
Bolotnikow, Iwan  86
Bredekamp, Horst  6, 9
Breschnjew, Leonid  110
Brinton, Crane  87
Bublikow, Alexander  13
Bucharin, Nikolai  101 f.
Bunin, Iwan  67, 89
Burckhardt, Jacob  47 f.

Canetti, Elias  45, 79, 107
Chabalow, Sergei  16, 19, 21, 72
Chruschtschow, Nikita  107 Fn., 110 Fn.

Danilow, Juri  25
Donoso Cortés, Juan  96 f.
Dostojewski, Fjodor  76
Durnowo, Pjotr  96

Engels, Friedrich  101

Fokin, Michail  66

Gadamer, Hans-Georg  34
Gehlen, Arnold  56
Giesler, Gerd  9
Golizyn, Nikolai  17, 72
Gorbatschow, Michail  74

Hegel, Georg Wilhelm Friedrich  32, 50, 54, 61, 78, 111
Heidegger, Martin  6
Herzen, Alexander  50, 75
Hobbes, Thomas  29, 32, 36, 54 f., 57 f., 87, 93
Hogrebe, Wolfram  9
Hume, David  28

Kajurow, Wasili  31
Kerenski, Alexander  23–26, 42 f., 78
Kornilow, Lawr  26, 43
Koselleck, Reinhart  6
Krupskaja, Nadeschda  14
Kschesinskaja, Matilda  84

Lenin, Wladimir  14, 22 f., 26 f., 67 f., 77, 83–86, 89, 100–102, 104–106, 109
Lomonosow, Juri  65
Loris-Melikow, Michail  38, 42, 95
Löwith, Karl  9

Ludwig XIV. 74
Ludwig XVI. 74
Luhmann, Niklas 36 f.
Lwow, Georgi 23, 91 f.

Machiavelli, Niccolò 17
Maistre, Joseph de 69, 86, 88
Marquard, Odo 54, 108, 110
Michail Alexandrowitsch, Großfürst 20, 91
Mikojan, Anastas 107 Fn.
Miljukow, Pawel 85
Mstislawski, Sergei 21

Nabokov, Nicolas 84
Nabokow, Wladimir 20, 84
Neumann, Franz 102
Nietzsche, Friedrich 47 f., 51, 71
Nikolai I. 74
Nikolai II. 18–21, 42, 60, 65, 74, 91

Ossorgin, Michail 111

Paléologue, Maurice 24, 84
Peter I. 38
Pobedonoszew, Konstantin 40
Pokrowski, Nikolai 16
Poliwanow, Alexei 18
Popitz, Heinrich 31, 36, 39, 80
Protopopow, Alexander 15, 17, 29, 72
Pugatschow, Jemeljan 86

Raleigh, Donald 110
Rasin, Stenka 86
Reed, John 67
Reemtsma, Jan-Philipp 31
Rittich, Alexander 14, 17
Robespierre, Maximilien de 24
Rodsjanko, Michail 19
Rousseau, Jean-Jacques 48, 63, 75
Ruzski, Nikolai 19

Sawinkow, Boris 112
Schmitt, Carl 5–8, 33, 55, 57, 58, 83, 94 f., 97–99, 103
Scott, James 48
Sennett, Richard 34
Simmel, Georg 81
Sloterdijk, Peter 56, 105
Sorel, Georges 69
Sorokin, Pitirim 79
Stalin, Josef Wissarionowitsch 74, 102, 104 f., 107, 109
Stolypin, Pjotr 72

Taubes, Jacob 5 f.
Tocqueville, Alexis de 72, 109
Tolstoi, Lew 70
Trotzki, Lew 26, 30, 64, 66, 72, 78, 80, 86 f., 89, 105
Tschernow, Wiktor 23
Tschugurin, Iwan 14, 31

Weber, Max 37
Witte, Sergei 42, 72, 96

Žižek, Slavoj 82